Allgemeine Staatslehre von Dr. Hermann Rehm, Prof. an der Univers. Straßburg i. E. Nr. 358.

Allgemeines Staatsrecht von Dr. Julius Hatschek, Prof. an der Universität Göttingen. 3 Bändchen. Nr. 415—417.

Preußisches Staatsrecht von Dr. Fritz Stier-Somlo, Prof. an der Univers. Bonn. 2 Teile. Nr. 298, 299.

Deutsches Zivilprozeßrecht von Prof. Dr. Wilhelm Kisch in Straßburg i. E. 3 Bände. Nr. 428—430.

Die Zwangsversteigerung und die Zwangsverwaltung von Dr. F. Kretzschmar, Oberlandesgerichtsrat in Dresden. Nr. 523.

Das formelle Grundbuchrecht von Oberlandesgerichtsrat Dr. F. Kretzschmar in Dresden. Nr. 549.

Kirchenrecht von Dr. Emil Sehling, ord. Prof. der Rechte in Erlangen. Nr. 377.

Das deutsche Urheberrecht an literarischen, künstlerischen und gewerblichen Schöpfungen, mit besonderer Berücksichtigung der internationalen Verträge von Dr. Gustav Rauter, Patentanwalt in Charlottenburg. Nr. 263.

Der internationale gewerbliche Rechtsschutz von J. Neuberg, Kaiserl. Regierungsrat, Mitglied des Kaiserl. Patentamts zu Berlin. Nr. 271.

Das Urheberrecht an Werken der Literatur und der Tonkunst, das Verlagsrecht und das Urheberrecht an Werken der bildenden Künste und Photographie von Staatsanwalt Dr. J. Schlittgen in Chemnitz. Nr. 361.

Das Warenzeichenrecht. Nach dem Gesetz zum Schutz der Warenbezeichnungen vom 12. Mai 1894 von J. Neuberg, Kaiserl. Regierungsrat, Mitglied des Kaiserl. Patentamts zu Berlin. Nr. 360.

Der unlautere Wettbewerb von Rechtsanwalt Dr. Martin Wassermann in Hamburg. I: Generalklausel, Reklameauswüchse, Ausverkaufswesen, Angestelltenbestechung. Nr. 339.

— — II: Kreditschädigung, Firmen- und Namenmißbrauch, Verrat von Geheimnissen Ausländerschutz. Nr. 535.

Deutsches Kolonialrecht von Dr. H. Edler v. Hoffmann, Professor an der Kgl. Akademie Posen. Nr. 318.

Militärstrafrecht von Dr. Max Ernst Mayer, Professor an der Universität Straßburg i. E. 2 Bände Nr. 371, 372.

Das Disziplinar- und Beschwerderecht für Heer und Marine von Dr. Max Ernst Mayer, Prof. an der Universität Straßburg i. E. Nr. 517.

Deutsche Wehrverfassung von Geh. Kriegsrat Carl Endres, München. Nr. 401.

Forensische Psychiatrie von Prof. Dr. W. Weygandt, Direktor der Irrenanstalt Friedrichsberg in Hamburg. 2 Bändchen. Nr. 410 u. 411.

Kaufmännische Rechtskunde. I: Das Wechselwesen von Rechtsanwalt Dr. Rudolf Mothes, Leipzig. Nr. 103.

— **II: Der Handelsstand** von Rechtsanwalt Dr. jur. Bruno Springer in Leipzig. Nr. 545.

Weitere Bände sind in Vorbereitung.

Sammlung Göschen

Römische Rechtsgeschichte

Von

Dr. Robert von Mayr
Prof. an der Deutschen Universität Prag

IV. Buch

Die Zeit der Orientalisierung des römischen Rechtes

Berlin und Leipzig
G. J. Göschen'sche Verlagshandlung G. m. b. H.
1913

Druck
der Spamerschen
Buchdruckerei in Leipzig

Inhalt.

Viertes Buch.

Die Zeit der Orientalisierung des römischen Rechtes

(von Diokletian bis Justinian).

Erste Hälfte.

Das öffentliche Recht.

Erstes Kapitel: Die Quellen.

Das vierte Jahrhundert der christlichen Zeitrechnung stand im Zeichen des Kampfes zwischen Heidentum und Christentum. Das kam auch in der Literatur dieser Zeit zum Ausdrucke, die uns mannigfache Bekenntnis- und Streitschriften in Poesie und Prosa hinterließ, durch die wir tiefen Einblick in die Seelen der führenden Persönlichkeiten und in die gesamte geistige Atmosphäre dieser Zeit bekommen. Ihren Ausgang nahm diese der Sprache und dem Geiste nach vorwiegend griechische Tagesliteratur von den Schriften des heiligen Athanasius, des streitbaren Patriarchen von Alexandria (um 295—373).

Im Gegensatze dazu erlangte auf dem Gebiete der Geschichtsschreibung noch einmal die lateinische Historiographie die Führung. Doch beschränkte sie sich vorwiegend auf Breviarien, die nur in Umrissen die Personen und Ereignisse bis auf die eigene Zeit herab zur Darstellung brachten. Der hervorragendste Vertreter dieser Richtung war Aurelius Victor, der seine Caesares im Jahre 360 schrieb. Zeitgenossen von ihm waren Eutropius und Festus, die im Auftrage des Valerius schrieben. Derselben Richtung gehört auch die sogenannte epitome de Caesaribus an, die bis zum Tode des Theodosius herabreicht und bald nach 395 verfaßt sein dürfte.

Ein Grieche von Geburt, der aus Antiochia stammende Ammianus Marcellinus (etwa 332—400) war es bezeichnenderweise, der die lateinische Geschichtschreibung noch einmal zur Blüte brachte. Er schrieb wieder Reichsgeschichte und gab, an Tacitus anknüpfend, eine Darstellung der älteren Geschichte von Nero ab in großen Zügen in den verlorenen dreizehn ersten Büchern, eine breitere Geschichte der eigenen Zeit von 353 bis zum Tode des Kaisers Valens (378) in den erhaltenen Büchern (14—31).

Gleich Ammian war auch der Dichter Claudius Claudianus (etwa 370—404) ein lateinischschreibender Sohn des Ostens. Seine epischen Dichtungen sind zumeist der Zeitgeschichte entlehnt. Sein Zeitgenosse Augustinus (354—430), der größte lateinische Kirchenschriftsteller des Altertums, liefert in den confessiones ein anschauliches Bild des antiken Menschen, in den zweiundzwanzig Büchern de civitate dei ein solches des antiken Staates „beim Abgang von der Weltenschaubühne". Auf des Augustinus Anregung ging auch die bis zum Jahre 417 geführte christliche Weltgeschichte des spanischen Presbyters Orosius (adversus paganos), das letzte lateinische Geschichtswerk größeren Stils, zurück.

Wie das Weltreich selbst, so zersplitterte sich nunmehr auch die lateinische Geschichtsliteratur. Der sogenannte Anonymus Valesianus behandelte die Zeit von der Abdankung Diokletians bis zum Tode Konstantins sowie die Geschichte Odoakers und Theoderichs (474—526). Cassiodor (etwa 480—575) schrieb eine in dem schlechten Auszuge des Jordanes auf uns gekommene Geschichte der Goten in zwölf Büchern u. a. m.

Die Reichsgeschichte wurde seitdem ausschließlich von Griechen gepflegt. Doch überwog auch hier die Chronographie. Der hervorragendste Historiker dieser Zeit war Zosimos. Sein um das Jahr 500 geschriebenes Werk, eine *ἱστορία* in sechs Büchern, ist uns in der zweiten Auflage (*ἱστορία νέα*) erhalten. Es bildet inhaltlich das Gegenstück zur Geschichte des Polybius, insofern es den Sturz des Reiches zu schildern und zu begründen versucht. Daneben verdient das große Exzerptenwerk des Kaisers Konstantinos Porphyrogennetos (912—959) Erwähnung, das uns namentlich Fragmente aus der gotischen und byzantinischen Geschichte des Priskos aus Panion in Thrakien, eines Zeitgenossen des jüngeren Theodosius, und seines Fortsetzers Malchos aus Philadelphia in Syrien bis zum Jahre 480 überliefert.

Für die Zeit Justinians sind unsere vornehmste Quelle die Werke seines rechtskundigen Sekretärs Prokopios aus Cäsarea (gestorben um 562), dessen nach dem Beispiele Appians nach Schauplätzen geordnete Geschichte (*ἱστορικόν*), die in je zwei Büchern die Perser- und Vandalenkriege, in drei Büchern die Gotenkriege und in einem letzten Buche, zusammenfassend, die allgemeinen Ereignisse bis zum Jahre 554 darstellt. Außerdem hat er ein panegyrisches Werk über die Bauten Justinians und *ἀνέκδοτα*, eine historia arcana verfaßt, die als „eine beispiellos bittere Anklageschrift gegen die despotische Regierung" Justinians und Theodoras erst nach dem Tode des Verfassers und Justinians herausgegeben sein kann. Sein jüngerer Zeitgenosse Johannes Lydos entwirft in seinem staatsrechtlichen Werke *περὶ ἀρχῶν τῆς Ῥωμαίων πολιτείας* (de magistratibus rei publicae Romanae) ein getreues Bild von dem Geschäftsgange der Behörden zur Zeit Justinians.

Neben der Geschichtschreibung dominierte in dieser Zeit auf dem Gebiete der Literatur die Rhetorik, die sich vorwiegend der Verherrlichung des Herrschers, der Panegyrik, zuwandte. Unter den der alten Zeit anhängenden Vertretern dieser Richtung nimmt Q. Aurelius Symmachus (um 345 bis 415), der berühmteste Redner seiner Zeit, einen hervorragenden Platz ein. Seine Briefe, vielleicht von seinem Sohne gesammelt und in zehn Büchern herausgegeben, bieten zwar in der Hauptsache nur „mit ihrer glatten Inhaltlosigkeit ein Bild von der Schwächlichkeit ihres Verfassers und seines Kreises", gewähren aber doch auch durch die im zehnten Buche vereinigte amtliche Korrespondenz des Symmachus in seiner Eigenschaft als Stadtpräfekt manchen wertvollen Einblick in die Zeitverhältnisse, namentlich auch in den damaligen Prozeßgang. Die wesentlichste Bedeutung des Symmachus lag jedoch nicht so sehr in seinen Schriften als vielmehr „in seinem erfolgreichen Bestreben, die alte Literatur als Bollwerk gegen die Sturmflut der christianisierten Barbaren aufzurichten".

Ein jüngerer Zeitgenosse des Symmachus war der Grammatiker Servius Honoratus, der in Rom lehrte und schrieb. Sein reicher Kommentar zu den Werken des Vergil, der, durch Verkürzungen und Interpolationen entstellt, auf uns gekommen ist, bringt eine Fülle von Stoff aus Geschichte, Geographie und namentlich aus den religiösen Altertümern.

Die glänzendste Erscheinung der christlichen Literatur dieser Zeit war Ambrosius (um 340—397), von dessen Schriften die Briefe und die Leichenreden auf Valentinian und Theodosius historisch die bedeutsamsten sind.

Manchen wertvollen Beitrag zur Kultur- und Sittengeschichte liefert auch Macrobius Theodosius um die Wende des vierten und fünften Jahrhunderts in seinem Kommentar zu Ciceros Traum des Scipio sowie in seinen sieben Büchern Saturnalia.

In der kurzen Spanne Zeit, die den Ostgoten über Italien zu herrschen vergönnt war, kulminierte die literarische Bildung in dem vornehmen Römer Anicius Manlius Severinus Boethius (gestorben 524), unter dessen zahlreichen Schriften sein Kommentar zu Ciceros Topica, in dem er Stellen aus den Institutionen des Gajus, Paulus und Papinian zur Erläuterung heranzog, für den Rechtshistoriker am wertvollsten ist. Er hat die Wissenschaften zum letztenmal mit griechischem Geiste durchtränkt und diesen Geist für das okzidentalische Mittelalter lebendig erhalten.

Der bedeutendste Mann des Jahrhunderts war neben ihm der

schon als Geschichtschreiber der Gotenkriege genannte Cassiodor, dessen zwölf Bücher Variarum eine kostbare Sammlung der von ihm in seinen verschiedenen amtlichen Stellungen verfaßten Aktenstücke und Urkunden enthalten und dadurch die Verwaltung Italiens unter den gotischen Königen und die eigentümliche gotisch-romanische Kultur Italiens dieser Zeit in helles Licht rücken.

Der „letzte Literator" des römischen Reiches war der Bischof von Sevilla, Isidorus Hispalensis (um 570—636), von dessen zahlreichen Schriften historischen, grammatischen und theologischen Inhalts sein unvollendetes weitschichtiges Werk etymologiarum (originum) libri XX durch die Mannigfaltigkeit seines Stoffes und durch die Benutzung verlorener alter Quellen besonders wertvoll ist. Es erläutert überdies namentlich im fünften Buche zahlreiche juristische Kunstausdrücke.

Auch die Rechtswissenschaft büßte in dieser Zeit ihre schöpferische Kraft fast völlig ein und beschränkte sich hauptsächlich auf Kompilation und Exzerption, auf die Sammlung des geltenden Rechtes und auf die Bearbeitung der älteren Literatur. Insofern diese Sammlungen jedoch nicht bloß das in ihrer Zeit entstandene, sondern auch das ältere Recht bis zurück in die klassische Zeit umspannen, bilden sie eines der kostbarsten Erbstücke des römischen Altertums überhaupt und in Anbetracht der geringen sonstigen Reste der römischen Rechtsliteratur die wesentliche Grundlage unserer Kenntnis des römischen Rechtes aller Zeiten.

Entsprechend dem Vorherrschen des „Kaiserrechtes" in dieser Zeit bewegte sich auch die Sammeltätigkeit zunächst ausschließlich auf diesem Gebiete. Versuche dieser Art reichen bereits in die Zeit der großen Juristen zurück. Bekannt ist das nur in einzelnen, von Justinians Digesten übernommenen Bruchstücken erhaltene Werk des Papirius Justus aus der Zeit Mark Aurels de constitutionibus in zwanzig Büchern, das die Konstitutionen der divi fratres und Mark Aurels (dem Inhalte, nicht dem Wortlaute nach) vereinigte. Mit der starken Vermehrung der kaiserlichen Erlasse seit Diokletian wuchs das Bedürfnis nach solchen Sammlungen und man fing zugleich an, den Text der Konstitutionen selbst zu veröffentlichen. Die älteste Erscheinung dieser Art war der im Orient, unter der Regierung Diokletians und Maximians (wahrscheinlich 295) veröffentlichte Codex Gregorianus eines nicht weiter bekannten Gregorius, der, in Bücher und Titel eingeteilt, Kaiserkonstitutionen aus der Zeit mindestens seit Hadrian bis auf Diokletian in historischer Reihenfolge und ohne besondere Bevorzugung des neueren Materials vereinigte.

Ihm schloß sich der ebenfalls im Orient verfaßte und wohl gleich nach 294 veröffentlichte Codex Hermogenianus an, von dessen Verfasser nicht sicher ist, ob er mit dem bekannten Juristen dieses Namens identifiziert werden darf. Das Werk, das nur in (wenigstens 69) Titel zerfiel, umfaßte beinahe ausschließlich Konstitutionen Diokletians. Ältere Konstitutionen dieses Kodex sind zumindest nicht bekannt. Die Arbeit soll von dem Verfasser selbst zweimal, zuletzt zwischen 314 und 324, neu aufgelegt worden sein. Zum Teil will man sie überhaupt erst in dieser eben bezeichneten Zeit entstanden wissen. Jedenfalls wurde sie noch später von dritter Hand durch Nachträge auch westlicher Herkunft vermehrt.

Beide Kodizes sind uns nur aus Bruchstücken bekannt, die in spätere Werke, namentlich in die lex Romana Wisigotorum, in die collatio und consultatio, in die fragmenta Vaticana und in die lex Romana Burgundionum Aufnahme fanden. Ihr Verschwinden erklärt sich dadurch, daß Kaiser Theodosius II. (geboren 402, gestorben 450) eine amtliche Sammlung veranstaltete. Seine ursprüngliche Absicht war es, zunächst eine solche von der Zeit Konstantins an in chronologischer Ordnung zu veranlassen und aus dieser und aus den beiden älteren Sammlungen sowie aus den Juristenschriften einen zweiten Kodex des praktisch geltenden Rechtes herstellen zu lassen. Dieser Plan scheiterte jedoch und es wurde (435) eine zweite Kommission von (16) Staatsbeamten nur zur Abfassung eines nach Materien in Titel und innerhalb der einzelnen Titel chronologisch zu ordnenden Konstitutionenkodex mit der Ermächtigung berufen, diesem Programm gemäß die einzelnen Konstitutionen nötigenfalls zu teilen, nur die Rechtssätze, nicht auch das auf den besonderen Fall bezügliche aufzunehmen und die notwendigen Änderungen und Zusätze vorzunehmen. Das Ergebnis war der offiziell so genannte Codex Theodosianus in sechzehn, in Titel mit Rubriken eingeteilten Büchern, der am 15. Februar 438 mit Gesetzeskraft vom 1. Januar 439 für den Orient, von Valentinian auch für den Okzident kundgemacht wurde.

Von ihrem Recht zu Änderungen hatte die Kommission reichlichen Gebrauch gemacht. Um die gewünschte chronologische Reihenfolge zu erzielen, hatte sie nicht oder mangelhaft datierte Konstitutionen mit fiktiven Daten versehen. Überliefert ist das Werk nur in lückenhaften Handschriften, die sich jedoch infolge der Benutzung des Kodex durch spätere Werke, namentlich durch die lex Romana Wisigotorum vielfach ergänzen ließen. Nunmehr liegt eine kritische Ausgabe von Mommsen (1905) vor, neben der jedoch der berühmte Kommentar des Jacobus Gothofredus (1587—1652) noch immer seine Berechtigung hat.

Eine Reihe später erflossener Konstitutionen (novellae leges, novellae constitutiones), die Theodosius II. (447) an Valentinian III. zur Publikation im Westen übersandte, und solche Valentinians und Majorians wurden im Westreiche zu einer Sammlung vereinigt, die auszugsweise in die lex Romana Wisigotorum überging, wo ihr fünf Gesetze Marcians aus einer orientalischen Sammlung beigefügt und später noch ein Gesetz von Severus (462 bis 466) angeschlossen wurde. Aus diesen beiden Sammlungen schöpfte im sechsten Jahrhundert eine dritte, ebenfalls im Westen entstandene Sammlung, die auch noch Novellen von Severus und Anthemius (467—472) aufnahm. Dieses ganze Material pflegt man heute unter dem Titel der Posttheodosianischen Novellen zusammenzufassen, unter dem sie auch in der erwähnten Ausgabe Mommsens des Codex Theodosianus (II. Leges novellae ad Theodosianum pertinentes) von Paul M. Meyer vereinigt sind.

Eine Sammlung eigener Art stellen die sogenannten sirmondinischen Konstitutionen dar, sechzehn von Jacobus Sirmondus (1631) zuerst vollständig herausgegebene, wahrscheinlich in Gallien bald nach 425 vereinigte Konstitutionen meist kirchenrechtlichen und sehr kirchenfreundlichen Inhalts aus den Jahren 331—425. Auch sie jetzt in der Ausgabe Mommsens des Codex Theodosianus.

Von den Privatsammlungen von Juristenschriften (fragmenta Vaticana u. a. m.), die in dieser Zeit entstanden, war mit Rücksicht auf ihren großenteils einer früheren Zeit angehörenden Inhalt zumeist bereits in anderem Zusammenhange die Rede. Zu erwähnen bleiben, abgesehen von den sogenannten Scholia Sinaitica, im Sinaikloster (1880) entdeckten geringen Bruchstücken von Scholien zu Ulpians libri ad Sabinum, die, wahrscheinlich im Orient, in der Zeit zwischen dem Erscheinen des Codex Theodosianus und Justinian verfaßt, vermutlich dem Rechtsunterricht (in Beryt?) dienten, nur zwei, allerdings sehr bedeutsame Werke, die notitia dignitatum utriusque imperii und das sogenannte syrisch-römische Rechtsbuch.

Die notitia, ein auf Privatarbeit beruhendes Staatshandbuch, dessen letzte, durch eine Handschrift (in Speyer) überlieferte Redaktion dem Anfange des fünften Jahrhunderts (etwa 411—413) angehört, gibt ein Verzeichnis der höheren Beamten beider Reichshälften mit ihrem Hilfspersonal, mit den ihnen unterstellten Truppenteilen und mit ihren Abzeichen und gewährt dadurch einen klaren Einblick in die Organisation der Reichsverwaltung der Spätzeit.

Das syrisch-römische Rechtsbuch, ursprünglich griechisch

abgefaßt und in mehreren stark voneinander abweichenden orientalischen Redaktionen (syrisch, arabisch, armenisch, koptisch) überliefert, deren älteste nicht vor das Jahr 474 fällt, war in seinem ältesten „unliterarischen" Bestandteil wohl schon in vorkonstantinischer Zeit in der Patriarchalkanzlei zu Antiochia vorhanden. Die literarische Bearbeitung durchlief mehrere Stadien, vor allem unter Valentinian I. und im Jahre 468. Doch kamen auch noch später, zum Teil sogar noch nach Justinian Zusätze hinzu. Auch waren schon im fünften Jahrhundert mehrere Versionen vorhanden, die die Rechtsquellen der nestorianischen Kirche im Sassanidenreich und im arabischen Kalifat wurden. Das Werk war vermutlich als Ratgeber für die Mitglieder der Kirche in ihren Beziehungen zu den heidnischen Reichsbehörden in Fragen des Familien-, Erb- und Sklavenrechtes gedacht und zu diesem Zwecke von einem Geistlichen für den Gebrauch in den geistlichen Gerichten verfaßt. Es blieb auch nach der Justinianischen Gesetzgebung im praktischen Gebrauch und stand bis ins siebzehnte Jahrhundert in hohem Ansehen. Seine starken Abweichungen vom „reinen" römischen Recht, seine „unvollständige, unsystematische, wissenschaftlich wertlose Darstellung des römischen Rechtes" ließen noch Bruns die Bedeutung des Werkes gründlich verkennen. Es ist das bleibende Verdienst von Mitteis, es als „historische Quelle ersten Ranges" erkannt, in den gerügten „Abweichungen" das (doch wohl überwiegend griechische, nur zum Teil orientalisch gefärbte) Volksrecht entdeckt, es als einen Grundpfeiler der Erkenntnis des Gegensatzes von Reichs- und Volksrecht charakterisiert und ihm damit eine grundlegende Bedeutung für unsere Kenntnis des spätrömischen Provinzialrechtes überhaupt gesichert zu haben.

Für die Erkenntnis des vorjustinianischen Rechtes von großer Wichtigkeit sind auch die sogenannten leges Romanae barbarorum, die (nach dem Personalitätsprinzip) in den germanischen Reichen auf römischem Boden für die römischen Untertanen erlassenen Gesetzbücher, weil sie, aus den Quellen des römischen Rechtes geschöpft, wenn auch nicht unverändert, so doch „klassisches“ römisches Recht überliefern und ein Bild von der Rechtsgestaltung des Westreiches gewähren.

Die lex Romana Wisigotorum, 506 von König Alarich II. erlassen, erst seit dem sechzehnten Jahrhundert auch breviarium Alarici(anum) genannt, enthielt Auszüge aus den drei Kodizes (Greg., Hermog., Theod.), aus den posttheodosianischen Novellen, aus den Institutionen des Gajus, aus den Sentenzen des Paulus sowie ein Responsum Papinians. Das Werk des Gajus ist in einer wahrscheinlich im vierten oder fünften Jahrhundert zu Schulzwecken hergestellten Verkürzung aufgenommen, das übrige mit einer interpretatio versehen, die ebenfalls der Hauptsache nach nicht neu verfaßt, sondern aus bereits vorhandenen schulmäßigen interpretationes ausgezogen war. Die Auszüge sind nicht ineinander gearbeitet. Die einzelnen Werke bilden vielmehr selbständige Abschnitte.

Das edictum Theoderici, von Theoderich dem Großen gemeinsam (!) für Römer und Ostgoten, wahrscheinlich nicht nach 507, erlassen, tritt in der Form selbständiger Rechtssätze auf, die den drei Kodizes, den posttheodosianischen Novellen, den Sentenzen des Paulus und vielleicht noch anderen Quellen entlehnt sind. Auch die wahrscheinlich noch von Gundobald (473—516), jedenfalls vor Untergang des burgundischen Reiches (534) erlassene lex Romana Burgundionum stellte in selbständiger Fassung von burgundischen Elementen durchsetzte römische Rechtssätze aus ziemlich denselben Quellen wie das Gesetzbuch Theoderichs zusammen.

Die schon seit der ersten Herausgabe übliche Bezeichnung „Papian“ für das Werk rührt daher, daß das Gesetzbuch in einigen Handschriften an die lex Romana Wisigotorum angeschlossen und durch Mißverständnis der Schreiber aus deren Schlußkapitel die Bezeichnung Papiani (statt Papiniani) liber I responsorum auf das folgende übertragen wurde.

Die Summe des römischen Rechtes zog endlich Justinian (527—565), der Neffe und Nachfolger des Justinus (518—527), angeblich, aber wohl sicher nicht ein Slave von Geburt, 482 in Tauresium im heutigen Serbien geboren, mit einer ehemaligen Zirkustänzerin, der von Prokopius wohl über Gebühr angeschwärzten, als Regentin durchaus tadellosen und durch hervorragende Klugheit ausgezeichneten Theodora vermählt, weder an Geist noch Charakter groß, doch durch geschickte Benutzung der Verhältnisse und Personen noch einmal Wiederhersteller des altrömischen Reiches und seines Glanzes, Restaurator der alten Universalmonarchie. Er nahm den Plan des zweiten Theodosius, eine umfassende Kodifikation auf Grund der Konstitutionen und Juristenschriften zu bewerkstelligen, wieder auf und führte ihn zum Ziele.

Zunächst verfügte er durch die Konstitution „Haec quae necessario" (das wie bei den noch anzuführenden Konstitutionen die Anfangsworte) vom 13. Februar 528 die Abfassung eines neuen codex constitutionum durch eine Kommission von zehn Mitgliedern, der sein magister officiorum Tribonian und der Professor der Universität von Konstantinopel Theophilus angehörten. Dieser codex konnte bereits am 7. April 529 durch die constitutio „Summa rei publicae" mit Gesetzeskraft vom 16. desselben Monats veröffentlicht werden.

Den zweiten Teil seines wohl nicht erst im Anschluß an die Redaktion des Codex von Tribonian angeregten, sondern von vornherein gehegten Planes, die Sammlung und Sichtung des ius, des Juristenrechtes, bereitete Justinian zunächst durch eine Reihe selbständiger Entscheidungen vor, durch die er die wichtigsten Streitfragen unter den alten Juristen, für deren Lösung ihm das Zählungsprinzip des Zitiergesetzes mit Recht unzureichend erschien, löste und die Reste abgestorbener Institutionen endgültig beseitigte. Solche Entscheidungen erfolgten übrigens auch noch nach Einsetzung der Digestenkommission zur Klarstellung der Absichten des Gesetzgebers. Fünfzig davon scheinen in einer besonderen Sammlung vereinigt und an die Rechtsschulen versandt worden zu sein. Wenigstens wird eine amtliche Sammlung (quinquaginta decisiones) von Justinian selbst mehrfach erwähnt.

Nachdem das Werk derart in die Wege geleitet war, erhielt der inzwischen zum quaestor sacri palatii (Justizminister) vorgerückte Tribonian den Befehl, eine aus Beamten, Professoren und Advokaten zusammengesetzte siebzehngliederige Kommission zu bilden, die durch die Konstitution „Deo auctore" vom 15. Dezember 530 beauftragt wurde, eine Sammlung von Auszügen aus den Juristenschriften (Digesta, Pandectae) als codex iuris (enucleati) neben dem codex legum auszuarbeiten und damit ein vollständiges Gesetzbuch in zwei Teilen herzustellen. Die Arbeit sollte sich auf die Schriften der im sogenannten Zitiergesetz anerkannten Juristen erstrecken, doch auch die früher verpönten Noten von Ulpian, Paulus und Marcian heranziehen und keinem (auch Papinian nicht) einen Vorrang vor den anderen einräumen. Die Auszüge sollten in fünfzig Büchern mit Titeleinteilung nach dem Vorbilde des Kodex und des prätorischen Ediktes geordnet werden. Die heute nach ihrer Haupttätigkeit sogenannte Kompilationskommission sollte ferner die Texte nach Ermessen kürzen, ergänzen und verbessern, Widersprüche und Wiederholungen vermeiden und nur das (nach der Rechtsgewohnheit von Konstantinopel) praktisch geltende Recht aufnehmen. Das also gewonnene Werk sollte die ausschließliche Grundlage für die Benutzung der Juristenschriften durch die Gerichte bilden.

Das Ergebnis der Kommissionsarbeit wurde durch die constitutio „Tanta“ (in griechischer Originalausfertigung „Δέδωκεν“) am 16. Dezember 533 mit Gesetzeskraft vom 30. Dezember desselben Jahres kundgemacht und mit der Konstitution „Omnem rei publicae“ den Professoren von Konstantinopel und Beryt als künftige Grundlage des Rechtsunterrichtes zugemittelt.

Das Werk zerfällt in fünfzig Bücher, jedes Buch mit Ausnahme der Bücher dreißig bis zweiunddreißig, die zusammen einen Titel de legatis et fideicommissis (I, II, III) bilden, in Titel mit Rubriken, jeder Titel in Exzerpte (fragmenta, leges) mit Angabe des Verfassers und Werkes, dem sie entlehnt sind (incsriptio). Die offizielle Einteilung in sieben partes, in Anlehnung an die Ediktskommentare, deren System die Digesten im großen und ganzen befolgten, diente hauptsächlich Unterrichtszwecken. Die Einteilung der einzelnen Exzerpte in Paragraphen (pr[incipium oder prooemium], § 1, § 2 usw.) ist erst späteren Ursprunges.

Das offizielle Verzeichnis der benutzten Werke, das den Digesten vorangestellt werden sollte, ist handschriftlich überliefert (index Florentinus). Seine Unvollständigkeit im Vergleiche zu dem verarbeiteten Material erklärt sich vielleicht daraus, daß es nur die wirklich im Originale nachgeprüften Werke anführte. Im ganzen sind vierzig Juristen, nach Justinians Angabe mit zweitausend Büchern (libri) in drei Millionen Zeilen (versus) benutzt, die von den Kompilatoren auf hundertfünfzigtausend Zeilen reduziert wurden. Ein Drittel des Ganzen ist Ulpian, ein Sechstel Paulus entnommen.

Die Kommission teilte ihr Material in drei Massen (Zivilrecht, prätorisches Recht, Responsenliteratur), die vielleicht je einer Subkommission überwiesen wurden. Die Auszüge jeder

Masse wurden regelmäßig in den einzelnen Titeln aneinandergereiht. Nur wechselt die Reihenfolge der Massen in den einzelnen Titeln. Auch besteht nicht jeder Titel aus drei Massen. Die eine Masse begann mit den libri ad Sabinum — Sabinusmasse, die andere mit den libri ad edictum — Ediktsmasse, die dritte mit den Quästionen und Responsen Papinians — Papiniansmasse. Einige vermutlich erst im Laufe der Arbeit herangezogene Werke gemischten und unbestimmten Charakters wurden einer vierten Masse (Appendix- oder auch Postpapiniansmasse) zugewiesen. Das ist die von Bluhme (1820) begründete und seitdem ziemlich einmütig festgehaltene Annahme. Jüngst wurde jedoch die Vermutung Franz Hofmanns, daß die Kommission nur wenige Werke im Originale benutzt, zumeist ältere gleichartige Sammlungen herangezogen habe, mit neuen und scharfsinnigen Gründen wieder aufgenommen. Sie gipfeln in dem Versuche nachzuweisen, daß der in den Basilikenscholien verarbeitete Kommentar des Theophilus nicht erst Justinians Digesten, sondern eine solche vorjustinianische Sammlung zum Gegenstande gehabt habe, die eben der Ausarbeitung der justinianischen Digesten zugrunde gelegt wurde und ihrerseits durch die von Bluhme für die Digesten beanspruchte Methode gewonnen worden sein mochte. Nur die sog. Appendixmasse sei durch die Kompilationskommission Justinians hinzugefügt worden.

Jedenfalls ist die Leistung der Kompilatoren nicht bloß im Vergleich zu älteren Arbeiten verwandter Art, sondern auch an sich bedeutend. Sie hat die unlösbare Aufgabe, aus der widerspruchsvollen Literatur dreier Jahrhunderte ein einheitliches Gesetzbuch zu machen, so gut erfüllt, wie es nur ging. Widersprüche und Wiederholungen selbst derselben Stelle (leges geminatae) sowie systematische Mißgriffe (leges fugitivae, erraticae) ließen sich freilich nicht vermeiden. Aber die zahlreichen Zusätze und Veränderungen (Interpolationen, emblemata Triboniani), die man nicht bloß einseitig vom Standpunkt des Historikers beklagen darf, zeigen, daß viel und zum Teil sehr Nützliches, selbst Geistreiches geleistet wurde. Vor allem hatte die Arbeit auch den bewußt angestrebten Erfolg, den reichen Schatz der juristischen Literatur in einer durch die Wissenschaft und Praxis ihrer Zeit beherrschbaren Begrenzung der Nachwelt möglichst vollständig zu erhalten und damit die gesunkene Rechtskenntnis neu zu beleben.

Die älteste und beste erhaltene Handschrift der Digesten ist die sogenannte Florentina (sc. litera, Lesung) aus dem sechsten oder siebenten Jahrhundert, ursprünglich in Amalfi, seit der Mitte des zwölften Jahrhunderts in Pisa und seit dessen Fall im Kampfe mit den Florentinern (1406) in Florenz. Daneben stehen die sogenannten Vulgathandschriften der Bologneser Glossatoren (litera Bononiensis) aus dem elften Jahrhundert, deren durch Mommsen klargestelltes Abhängigkeitsverhältnis zur Florentina kürzlich allerdings mit bemerkenswerten Gründen von Kantorowicz angefochten wurde, der zugleich die in diesen Handschriften übliche Dreiteilung in Digestum vetus (1—24,3), infortiatum (bis einschließlich 38) und novum (39—50) auf einen Schreiberwitz zurückführen will.

Nach Vollendung der Digesten ließ Justinian durch Tribonian und die beiden Professoren Dorotheus und Theophilus das schon in der constitutio „Deo auctore" angekündigte und durch die mit der Neuordnung des Rechtes Hand in Hand gehende Unterrichtsreform gebotene Lehrbuch für Anfänger (Institutiones) ausarbeiten, das noch vor den Digesten durch die Konstitution „Imperatoriam maiestatem" vom 21. November 533 publiziert und wie die Digesten mit Gesetzeskraft vom 30. Dezember dieses Jahres ausgestattet wurde. Die Institutionen geben einen kurzen Abriß des Privatrechtes und berühren anhangsweise auch Strafrecht und Strafprozeß. Sie zerfallen in vier Bücher, jedes Buch in Titel mit Rubriken. Die Paragraphierung ist auch hier erst späteren Datums. Sie sind vorwiegend aus den Institutionen und aus den res cottidianae des Gajus entlehnt, enthalten jedoch keine Quellenangaben. Ihre wichtigste Handschrift, die sogenannte Turiner Institutionenglosse, enthält, wie der Name sagt, Scholien, die aus Justinians Zeit zu stammen und auf vorjustinianische Quellen zurückzugehen scheinen.

Die zahlreichen in der Zwischenzeit getroffenen und die in den Digesten durch Änderung der alten Texte geschaffenen Neuerungen ließen den codex (legum) rasch veralten. Darum ließ ihn Justinian durch Tribonian, Dorotheus und drei Advokaten der Digestenkommission revidieren und als codex Iustinianus repetitae praelectionis durch die Konstitution „Cordi nobis" vom 16. November 534 mit Gesetzeskraft vom 29. Dezember neu publizieren. Nur diese zweite Auflage des Kodex ist erhalten.

Er ist aus den drei älteren Kodizes (Greg., Herm., Theod.) und aus den nach Abschluß des Codex Theodosianus ergangenen Konstitutionen zusammengestellt. Von früheren Konstitutionen, die keine Aufnahme fanden, blieben nur die bei den Behörden registrierten militär- und fiskalrechtlichen sowie die „pragmaticae" in Kraft, die Privilegien erteilten oder dem Kodex nicht widersprachen. Auch die Verfasser des Kodex sollten nur geltendes Recht darstellen, Wiederholungen und Widersprüche vermeiden, das Material unter passenden Titeln chronologisch ordnen, Konstitutionen sine die et consule als solche kennzeichnen, überflüssige Vorreden streichen, dem Inhalte nach zusammengehörige Konstitutionen vereinigen und wohl auch einzelne größere Konstitutionen teilen sowie erforderliche Änderungen vornehmen.

Der Kodex zerfällt in zwölf Bücher, jedes Buch in Titel

mit Rubriken. Aufgenommen sind Konstitutionen seit Hadrian. Besonders groß ist die Zahl diokletianischer Konstitutionen. Dagegen fehlen okzidentalische Konstitutionen aus der Zeit nach Abschluß des Codex Theodosianus ganz. Jeder Konstitution ist die Bezeichnung ihres Urhebers und des Adressaten vorangestellt (inscriptio) und am Schlusse das Datum beigefügt (subscriptio). Die handschriftliche Überlieferung ist sehr mangelhaft. Meist fehlen die Inskriptionen und Subskribtionen. Auch der Inhalt ist stark verkürzt. Man ließ die drei letzten Bücher fort und überging die griechischen sowie viele lateinische Konstitutionen. Doch reichen die Ergänzungsversuche mindestens bis ins neunte Jahrhundert zurück. Die vorhandenen Handschriften der ersten neun Bücher (codex) gehen bis ins elfte, die der drei letzten Bücher (tres libri) nur bis ins zwölfte Jahrhundert zurück. Besonders wertvoll für die Textkritik ist die Summa Perusina, ein frühestens aus dem siebenten Jahrhundert stammender Auszug. Die griechischen Konstitutionen wurden erst seit dem sechzehnten Jahrhundert aus den Basiliken und aus anderen Quellen wieder hergestellt (leges restitutae).

Auch nach Vollendung des zweiten Kodex erließ Justinian noch eine große Zahl einzelner Konstitutionen, meist in griechischer, vereinzelt auch in lateinischer oder in beiden Sprachen (novellae leges), zum Teil von großem Umfang und von einschneidender Bedeutung. Sie wurden zwar von Amts wegen in eine Sammlung (congregatio, liber legum) eingetragen, diese Sammlung aber anscheinend nicht offiziell veröffentlicht. Doch sind diese Gesetze durch verschiedene Privatsammlungen auf uns gekommen. Die epitome Iuliani, die Privatarbeit eines Konstantinopolitaner Professors aus der Zeit Justinians selbst, ist ein lateinischer Auszug aus 122 Novellen der Jahre 535—555. Das sogenannte Authenticum vereinigt 134 Novellen der Jahre 535—556, die lateinischen im Original, die griechischen in sehr mangelhafter lateinischer Übersetzung, weshalb man darin wohl nicht, wie der Name sagen will, die offizielle Publikation der Novellen für Italien, doch vermutlich eine in Italien entstandene Übersetzung zu erblicken hat. Nur 96 (authenticae) wurden von dem berühmten Glossator Irnerius, von dem die Bezeichnung herrühren soll, weil er die Sammlung gegenüber der Julians als die authentische bevorzugte, brauchbar befunden und, in neun Collationes geordnet, glossiert, die übrigen (authenticae inutiles, extraordinariae) bald fortgelassen, bald an den Schluß gestellt. Die so geordnete Sammlung ist die Vulgata. Eine dritte griechische Sammlung von 168 Novellen wurde durch die Humanisten ans Licht gezogen. Nach Abzug einzelner darin aufgenommener Gesetze späterer Kaiser und einiger jüngerer, aus der Zeit vor Abschluß des Kodex stammender Gesetze Justinians sowie mehrerer Doubletten reduziert sich ihre Zahl auf 158 bis 159. Diese Sammlung wurde vermutlich noch unter Justinian, wahrscheinlich in Konstantinopel begonnen. Einige Ergänzungen ergaben sich schließlich durch andere Sammelwerke und Auszüge.

Nach der Wiedereroberung Italiens führte Justinian seine drei Gesetzbücher auch dort durch Edikt ein. Durch die sanctio pragmatica „Pro petitione Vigilii" (des Papstes) vom 13. August 534 bestätigte er ihre Geltung und verfügte zugleich die ediktale Kundmachung seiner Novellen für Italien.

Die an sich (z. B. schon für die Zwölf Tafeln übliche) echt römische Bezeichnung corpus iuris findet sich als Bezeichnung für die Gesamtheit der justinianischen Rechtsbücher erst bei den Glossatoren des zwölften Jahrhunderts. Die erste Gesamtausgabe unter dem Titel corpus iuris civilis erfolgte gar erst durch Dionysius Gothofredus (1583).

Justinian suchte den Erfolg seines Werkes dadurch sicherzustellen, daß er jede Kommentierung der Digesten als dem wahren Sinne des Gesetzes gefährlich verbot, nur wörtliche Übersetzungen (*κατὰ πόδα*), kurze Inhaltsangaben (*ἴνδικες*) und Parallelstellensammlungen zu einzelnen Stellen und zu ganzen Titeln (*παράτιτλα*) gestattete. Doch wurde das während der Regierung Justinians, zumal wenn man des Theophilus Kommentar auf ein älteres Werk bezieht, anscheinend streng beobachtete Verbot, das wohl nur für die Digesten gelten, der exegetischen Arbeit am Kodex und an den Institutionen keinen Eintrag tun, die Verarbeitung des Konstitutionen- und des Juristenrechtes zu einem einheitlichen Ganzen nicht hindern wollte, bald übertreten. Man verfaßte nicht bloß auch Übersetzungen *εἰς πλάτος*, erläuternde Paraphrasen, sondern selbst Kommentare, *παραγραφαί*, sogar Monographien. Erhalten sind uns nur eine griechische Paraphrase (des Theophilus?) zu den Institutionen und was von dieser Literatur in die Scholien der Basiliken (*τὰ βασιλικά*) Aufnahme fand, einer von Basilius Macedo begonnenen, von Leo dem Weisen (886—911) vollendeten und publizierten zeitgemäßen griechischen Bearbeitung der justinianischen Gesetzgebung in sechzig Büchern, die aus den einzelnen Bestandteilen der justinianischen Rechtsbücher das Zusammengehörige jedesmal in einem Titel vereinigten. Die Scholien, eine Sammlung von Auszügen aus Schriftstellern, von Parallelen in Form von Exzerpten schon vorhandener Texte, die als einheitliches Werk größtenteils vielleicht schon in einem Digestenkommentare des siebenten Jahrhunderts vorlagen, wurden vermutlich in Gestalt eines amtlichen Kommentars unter Leos Sohn Konstantin Porphyrogennetos beigefügt.

Der Wert dieser byzantinischen Literatur liegt darin, daß sie auf Handschriften der justinianischen Werke zurückgeht, die älter sind als die uns zur Verfügung stehenden, und daß sie die vorjustinianischen Quellen, namentlich ältere griechische Bearbeitungen des römischen Rechtes benutzt und „für das justinianische Recht unvollkommen zugeschnitten" hat. Dadurch fördert sie nicht bloß die Textkritik, sondern beleuchtet sie auch das vorjustinianische Recht und die Interpolationstätigkeit Justinians.

Damit ist der literarische Quellenapparat dieser Zeit erschöpft. Daneben kommt auch für diese Periode ein reiches, in verschiedenen Sammlungen vereinigtes Inschriften- und Urkundenmaterial in Betracht. Als ein hervorragendes Beispiel für viele sei das berühmte Edikt Diokletians de pretiis rerum venalium vom Jahre 301 angeführt, eine bei Todesstrafe eingeschärfte Preistaxe für Waren und Arbeiten, die in einer Anzahl von Inschriften an verschiedenen Orten des östlichen Reiches unvollständig erhalten blieb.

Zweites Kapitel: Die Gesellschaft.

Die unter Valerian und Gallienus (253) gelöste Reichseinheit ward von Aurelian (274) wiederhergestellt und ungeachtet aller Reichsteilungen und des allmählichen Abbröckelungsprozesses an der Peripherie des Reiches in dieser Endzeit des imperium Romanum, die etwa von der Regierung Diokletians einerseits, von der Justinians andererseits begrenzt wird, festgehalten. Aber das Schwergewicht des Reiches verschob sich immer mehr nach Osten. Das Römertum behauptete sich zwar offiziell in der lateinischen Reichssprache. Rom blieb zunächst die Hauptstadt des Reiches. Aber es hörte auf, die Residenz seiner Herrscher zu sein. Die stete Bedrängung der Reichsgrenzen und manche andere Umstände ließen den Herrscher nicht mehr dauernd in Rom verweilen. Der Geist des Reiches wurde immer mehr von einem stark orientalisierten Hellenismus erfüllt.

Der Kaiser und sein Hof nahmen allmählich einen durchaus orientalischen Charakter, das Zeremoniell, die Sitten und

Gebräuche des Ostens an, die als nächstliegendes Vorbild schon in den Anfängen des Prinzipates, wenn auch nur ausnahmsweise und unter allgemeiner Mißbilligung Adoration (προσκύνησις) u. a. m. gezeitigt hatten. Das Standesbewußtsein und die Standesunterschiede verblaßten immer mehr und mehr gegenüber der Idee einer allgemeinen und gleichmäßigen Untertanenschaft, aus der nur die Gunst des Herrschers den einzelnen emporzuheben vermochte. Revolutionen und Bürgerkriege, Seuchen und Barbareneinfälle, nicht zuletzt auch die Christenverfolgungen und der schon von Augustus vergeblich bekämpfte, in der Folge stetig wachsende Überschuß der Todesfälle über die Geburten, die Ehe- und Kinderlosigkeit ließen das alte Römertum mit der Zeit nahezu verschwinden. An seine Stelle waren die Nachkommen von Fremden und Sklaven getreten, die mit dem neuen Blut einen neuen Geist zur Herrschaft brachten und den mächtigsten Faktor des gewaltigen Nivellierungsprozesses darstellten, der die Völker des Mittelmeerbeckens nicht nur zu einem Reiche, sondern fast auch zu einer Nation zusammenschweißte.

Eine entscheidende Wendung hatte dieser Entwicklung schon Caracallas Verfügung gegeben, indem sie die bis dahin dem Römertum vorbehaltene Reichsverwaltung auch den Neubürgern erschloß, die denn auch allmählich die höchsten Beamtenstellen mit Beschlag belegten. Noch einschneidender war jedoch in dieser Hinsicht vielleicht die von Gallienus durch den Ausschluß der Senatoren von den Militärämtern angebahnte Trennung der Zivil- und Militärgewalt. Die überwiegende Besetzung der höheren und höchsten Militärämter mit gewesenen gemeinen Soldaten, die wohl mindestens ebensosehr in der Untüchtigkeit und Schwäche des Adels wie in dem Mißtrauen der Kaiser gegen diesen Stand begründet war, und die allmählich eine regelmäßige Stufenleiter vom Soldaten niedrigster Klasse bis zum höchsten Reichsfeldherrn ausbaute, bedeutete die Auflösung jeder ständischen Gliederung innerhalb des Heeres.

Das verfehlte auch nicht seinen Rückschlag auf die bürgerliche Gesellschaft. Noch im vorgerückten dritten Jahrhundert wurde zwar die Qualifikation durch den Offiziersdienst für die Ritterämter berücksichtigt. Aber schon damals war die Übertragung ritterlicher Ämter, selbst der allmählich den Senatoren entzogenen Statthalterschaften an Nichtritter gewöhnlich. Bereits seit Diokletian durften sich auch die ausgedienten Offizialen um solche Ämter bewerben. Die Ritter wurden allmählich nicht nur aus dem Militärdienst, sondern auch aus den Zivilämtern verdrängt.

Zäher behauptete sich der Senatorenstand, zumal nach dem Vorbilde des römischen Senates ein zweiter in Konstantinopel geschaffen wurde. Was ihn erhielt, war jedoch nicht so sehr seine Würde, als vielmehr die damit verbundene Bürde der kostspieligen Volksspiele, die durch die Festlegung von Minimalgrenzen geradezu legalisiert und nötigenfalls durch Exekution sichergestellt wurde. Aus demselben Grunde hielt man an der Erblichkeit gerade dieses Standes streng fest, mußte aber die dadurch nicht ausfüllbaren Lücken auf andere Weise ergänzen. Der verfallende Ritterstand ließ sich dazu nicht mehr verwenden. Darum hielt man sich an die Hofdienerschaft, deren vornehmere officia den höchsten Stand verliehen. Daß damit auch dieser Stand der Orientalisierung preisgegeben war, liegt auf der Hand.

Dieselbe Methode der Verknüpfung von Amtswürde und Steuerlast war es, die allenthalben im Reiche die alte Standesgliederung zerrüttete, das Staatsbürgertum in eine Anzahl gegeneinander fest abgeschlossener erblicher Stände und Berufsgenossenschaften auflöste, einen „Kasten- und Polizeistaat" schuf. Die Verantwortung der Gemeinderäte (Dekurionen) für die Aufbringung der Grundsteuer war schon in den guten Zeiten des Reiches für die Besitzenden eine große Last, die jedoch damals der allgemeine Wohlstand und der lebendige Gemeingeist leichter tragen ließen. Der Verfall des Reiches machte dagegen die Last immer drückender. Man war daher mangels freiwilliger Bewerber um die städtischen Ämter genötigt, „geeignete" Persönlichkeiten zu ihrer Übernahme und dadurch zum Eintritt in diesen Stand zu zwingen und den Stand für erblich zu erklären. Das geschah schon unter Antoninus und Verus. Besonders schlimm wurden diese Verhältnisse aber durch Diokletians drückende Steuerreform. Hatte man daher schon früher darauf verzichtet, die Freigelassenen vom „ordo" auszuschließen, weil gerade sie oft zu den reichsten Leuten gehörten, so mußte man jetzt sogar solche zum Dekurionate heranziehen, die durch schimpfliche Vergehen die Ehrenrechte verwirkt hatten, die ein schmutziges Gewerbe betrieben oder als Analphabeten auf der tiefsten Stufe der Bildung standen.

Konstantin verfügte schließlich den Erbzwang für die Dekurionen in all seiner Strenge. Auch ließen die Bedürfnisse der Steuerhebung diese Tendenz zur Erblichkeit von Beruf und Lebensstellung auf alle möglichen anderen Lebensgebiete übergreifen. Denn in dem allgemeinen Elend, das Bürgerkriege und Barbareneinfälle, Pest und Hungersnot in dieser Zeit erzeugten, wurden die „munera", die der einzelne zu leisten hatte, so unerträglich, daß sich die Angehörigen aller Bevölkerungsschichten ihren Verpflichtungen zu entziehen suchten. Das notwendige Gegengewicht sollten daher Innungszwang und Erblichkeit des Standes bilden; nicht bloß bei den Mitgliedern der städtischen Kurien und bei den Offizialen, sondern auch in den Erwerbsständen der Stadt, namentlich soweit sie für die Deckung der Bedürfnisse der Zivil- und Militärverwaltung von Bedeutung waren, und in der Bauernschaft auf dem Lande (Kolonat). Schon

Alexander Severus hatte die obligatorische Dienstpflicht der Soldatenkinder und den gewerblichen Innungszwang normiert. Die Kaiserkonstitutionen des vierten Jahrhunderts setzen bereits die Erblichkeit der meisten Stände voraus. Nur der höhere Hof- und Staatsdienst, die wissenschaftlichen und künstlerischen Berufe sowie der geistliche Stand waren von den Staatslasten und darum auch von jeder Zwangsorganisation ausgenommen.

So ward an Stelle der durch Geburt, Bildung und Vermögen bestimmten ständischen Gliederung der früheren Zeit eine völlige Neuordnung gesetzt. Wohl gab es auch jetzt noch gesellschaftliche Abstufungen und Absonderungen. Man unterschied den ordo (senatorius), den Soldaten- und Beamtenstand, den Dekurionat (den landstädtischen Senatorenstand), die collegiati, die zu einzelnen festgeschlossenen Körperschaften vereinigten Berufsgenossen, die possessores, die Grundbesitzer. Das Strafrecht unterschied honestiores und humiliores und ließ erstere leichter bestrafen. Einzelne Bevölkerungsklassen hatten bevorzugte Gerichtsstände und andere Privilegien. Auch waren diese Stände insofern fast schärfer voneinander geschieden, als sie sich regelmäßig aus sich selbst ergänzten, erblich waren und wurden. Aber die Abstufung der Stände regelte sich nun im großen und ganzen nach der Steuerlast, danach, was man dem Staate zu leisten und von ihm zu dulden hatte. In dieser Gruppierung verschwand das Römertum immer mehr hinter der Masse der hellenisierten Orientalen. Auf dem Privatrechtsgebiete fand diese völlige Umgestaltung der Gesellschaft ihren Ausdruck in einer starken Überwucherung des römischen Reichsrechtes durch das hellenistisch-orientalische Volksrecht, in einer stetig zunehmenden Byzantinisierung des römischen Rechtes und in der ausgedehntesten Nachsicht der Rechtsunkenntnis „Ungebildeten“ gegenüber.

Drittes Kapitel: Das Leben.

In der Staatsordnung Diokletians und Konstantins war der Beamtenstaat zur höchsten Entfaltung gebracht. Der ganze Beamtenapparat war nach Rangklassen und Titulaturen streng hierarchisch gegliedert und die von Gallienus angebahnte Trennung der Zivil- und Militärgewalt strikte durchgeführt. Die einzelnen Verwaltungssprengel erhoben sich nach rein administrativen Gesichtspunkten übereinander, über die durch Zerschlagung der alten historischen Statthalterschaften gebildeten (etwa hundert) Provinzen die Diözesen, über diese die Präfekturen; über einen komplizierten Mechanismus von Bureau- und Subalternbeamten die Provinzialbehörden, über diese die Vikare der Diözesen, über sie die praefecti praetorio, die Kanzler der Reichsteile, die in ihrer Hand die gesamte Justiz und Verwaltung ebenso konzentrierten wie die magistri militum die Militärgewalt an der Spitze einer analog gegliederten militärischen Organisation.

Dieses System setzte sich naturgemäß in verstärktem Maße nach unten fort. Unter der Herrschaft eines bis zur Vollendung gediehenen bureaukratischen Absolutismus war für kommunale Selbständigkeit kein Raum. Es war daher nur das Ergebnis einer natürlichen Entwicklung, daß schließlich auch die einstigen Organe freier Selbstverwaltung zu rein staatlichen Zwangsanstalten herabsanken, deren wichtigste Aufgabe es war, „aus den Untertanen die Kosten des Systems mit allen Mitteln herauszuwirtschaften". Aus dieser Wurzel entsprangen der Zwang zum Dekurionat und dessen Umwandlung zur erblichen Staatslast, die stete Ausbreitung des Kolonats und der Innungszwang, wovon bereits die Rede war.

Nicht der theoretische Staatsgedanke der hellenischen Polis, daß die Untertanen, wie sie vom Staate Nutzen haben, so auch in dessen Dienst arbeiten müssen, war es jedoch allein oder auch nur in erster Linie, der diese Entwicklung herbeiführte, wenn auch die Allmacht des Staates schon unter Hadrians unmittelbaren Nachfolgern zum Leitmotiv des Staatsrechtes geworden war. Ausschlaggebend waren vielmehr die wirtschaftlichen Zustände.

Die Verödung des Landes nahm von Jahrhundert zu Jahrhundert zu. Schon unter Mark Aurel war diese Erscheinung erschreckend zutage getreten. Vergeblich hatte ihr Pertinax mit seinem bekannten Edikte zu steuern versucht. Im vierten Jahrhundert beklagte es Lactantius bereits als typische Erscheinung, daß die bedrückten Kolonen die Äcker verließen und Kulturland zu Wald gemacht werde. Ein Edikt aus dem Jahre 395 zeigt, daß damals in der Provinz Kampanien, die das alte Latium mitumfaßte, mehr als eine Million Morgen Ackerlandes versumpft und verlassen war. Immer mehr zog die Stadt durch ihre materiellen und sozialen Vorteile die Landbevölkerung an sich, so daß der Ruin der Landbevölkerung schließlich auch die Städte ergreifen mußte. Mit der Verödung des Landes ging endlich auch die der Städte, erst der mittleren und kleineren, am Ende auch die der größeren Hand in Hand. Selbst Rom begann seit dem fünften Jahrhundert menschenleer zu werden.

Der allgemeine wirtschaftliche Niedergang führte schon im dritten Jahrhundert zu ständig anwachsender Geldnot, die eine stetig fortschreitende Münzverschlechterung und schließlich den Staatsbankerott zur Folge hatte. Der Geldverkehr hörte geradezu auf. Das Geld wurde wieder zur Ware, die Geldwirtschaft durch die Naturalwirtschaft verdrängt. Das war vermutlich auch der Sinn der berühmten diokletianischen Taxordnung (301), die doch wohl nicht von sozialpolitischen Rücksichten auf die konsumierende Bevölkerung diktiert, sondern als münzpolitische Maßregel mit dem Nebenzwecke, die Lage der Soldaten zu verbessern, gedacht war. Ihr Zweck war nicht so sehr Tarifierung der Waren in Geld als vielmehr Tarifierung des Geldes in Waren. Denn in einem nach außen hin völlig abgeschlossenen Verkehrsgebiete, wie es das römische Reich vorstellte, war das unmittelbare Gebrauchsgut in der Tat das einzig feste, an dem die schwankende und stark entwertete Valuta gemessen werden konnte.

Eine von Diokletian durch die Ausprägung guter Silbermünzen begonnene, von Konstantin durch die Wiederherstellung einer soliden und massenhaften Goldprägung vollendete Münzreform bahnte zwar wieder die Rückkehr zur Geldwirtschaft an. Immerhin mußte die Neuordnung der Staatsfinanzen, die, insofern sie dem Unterhalte von Heer und Beamtenschaft sowie der Verpflegung der Hauptstädte diente, das unerläßliche Korrelat der umfassenden Reorganisation des Beamten- und Militärwesens bildete, zunächst mit den bestehenden Zuständen rechnen. Die diokletianische Steuerreform veranschlagte daher zwar die Steuern in Geld, die Erhebung geschah jedoch fast ausschließlich in Form von Naturalleistungen und -lieferungen. Die Grundsteuer, die sie schuf, war nicht mehr wie bisher eine Besteuerung des Ernteertrages, sondern eine solche des Grundes und Bodens selbst, der zu diesem Zweck in gleichwertige Steuerstufen (iuga, capita u. a. m.) eingeteilt und mit einem gleichmäßigen Steuersatz belegt war. Diese Grundsteuer traf die possessores des ländlichen Grundbesitzes im ganzen Reich, einschließlich Italiens, dessen von Caracalla in persönlicher Hinsicht durchgeführte Gleichstellung mit den Provinzen damit auch auf den Boden erstreckt wurde. Die Steuer wurde teils in Natur, teils in Geld gezahlt und war in beiden Fällen mit einer besonderen Naturallieferung als Zuschlag zur Hauptleistung verbunden, die nach denselben Regeln ausgeschrieben und eingehoben wurde. Das war die annona militaris für den

Unterhalt der Offiziere, Soldaten und Beamten. In Ägypten und Afrika kam noch die annona civica für die Versorgung Roms und später auch Konstantinopels dazu.

Die Gewerbetreibenden (negotiatores), die seit Aufhebung des tributum für römische Bürger abgabenfrei gewesen waren, wurden nun mit einer Gewerbesteuer (collatio lustralis, aurum negotiatorum) belastet, die, anscheinend nach dem im Handel angelegten Kapitale bemessen, alle in die matricula negotiatorum Eingetragenen traf und, wie der Name sagt, in Gold (oder Silber) und nach Lustren erhoben wurde. Die niedere ländliche Bevölkerung, der Mensch als Wertobjekt des ländlichen Grundbesitzes, als Arbeitskraft, daher auch nur, wenn und soweit er kräftig und gesund, in arbeitsfähigem Alter war, unterlag der capitatio humana (plebeia). Diese gewinnbringenden Abgaben ließen vermutlich zugleich auf die alte Freilassungs- und Erbschaftssteuer verzichten. Wenigstens findet sich im dritten Jahrhundert keine Spur mehr davon. Sie wurden wohl spätestens anläßlich der Steuerreform Diokletians aufgehoben.

Die Aufbringung der Steuer war Sache der Dekurionen, der Zünfte, der Kollegien. Sie hafteten dem Staat. Ihnen war es überlassen, die Steuersumme auf die einzelnen Steuerträger zu repartieren und einzutreiben. Das römische Reich war in einen Liturgienstaat nach hellenistisch-ägyptischem Muster verwandelt.

Dieser Charakter spiegelt sich auch in den agrarischen Verhältnissen dieser Zeit wider. Auch die Grundbesitzer galten dem Staate vor allem als „Liturgen", als Träger der öffentlichen Lasten. Dafür eröffnete er ihnen und zwar, nachdem der Versuch, der Verödung des Landes durch Vergebung des brachliegenden Landes an kleine Erbpächter Einhalt zu tun, mißlungen war, vornehmlich den Großgrundbesitzern durch verschiedene Formen der Erbpacht den Weg zu den

Staats- und Stadtländereien, die er zumeist mitsamt den Kolonen an sie abgab. Vielfach war es sogar Zwangspacht (ἐπιβολή, iunctio), zu der man die benachbarten Grundbesitzer in Ägypten schon in der Ptolemäerzeit, nun nach diesem Vorbild allenthalben nötigte. Damit waren die Kolonen endgültig dem Großgrundbesitz ausgeliefert, der vor allem bestrebt war, die Steuerlast auf sie zu überwälzen. Die Kolonen suchten sich daher ihren Lasten durch die Flucht zu entziehen. Mit dem Ende des dritten und im vierten Jahrhundert wütete in vielen Gebieten geradezu die agrarische Revolution. Es kam zu förmlichen Bauernkriegen. Die Folge war eine stets schärfere Bindung der Kolonen an die Scholle durch die Gesetzgebung. Die nicht ganz einfachen Rechtsfragen, die sich aus dieser Zwitterstellung der Kolonen als persönlich Freie, die an einen Grundbesitzer gebunden waren, ergaben, mußten die Gesetzgebung lebhaft beschäftigen. Aber die sinkende Kraft der römischen Rechtswissenschaft hatte nicht mehr die Fähigkeit, diese werdenden Verhältnisse durchzudenken und theoretisch zu formulieren. Es kam nur zu einzelnen Vorschriften, nicht zu einem abgerundeten System.

Der Kolone war, wie sein Name sagt, Pächter, aber Erbpächter (kraft Vertrages, durch Geburt oder dreißigjährige Ersitzung) und als solcher samt seiner Nachkommenschaft für ewige Zeiten an den Boden gefesselt, so daß er (nur) mit dem Boden den Herrn wechselte; zwar nicht Sklave des Grundherrn, aber Sklave des Bodens, wie ein Sklave dem Züchtigungsrecht des Herrn unterworfen; unfähig, vor Gericht gegen ihn aufzutreten, es wäre denn, daß der Herr versuchte, den Zins zu erhöhen; wenn er flüchtig wurde, mit der Vindikation verfolgbar. Er war aber persönlich frei, darum eigentums- und ehefähig, forderungsberechtigt, dagegen in der Regel nicht veräußerungsfähig, weil sein Vermögen für Steuer und Zins haftete.

Diese Gebundenheit war, wie bereits bemerkt, keine Besonderheit des Kolonates. Die Gesetzgebung band vielmehr allmählich die ganze Bevölkerung an ihr Heim und an ihre Arbeit. Die Eigentümlichkeit des Kolonates lag nur darin, daß der Kolone nicht an den Staat, sondern an seinen Grundherrn gebunden war, der dem Staate gegenüber allein für den Kolonen verantwortlich war. Dadurch erlangte der Kolonat die Stellung eines besonderen Standes.

Jedenfalls ist aber dieses ausgedehnte Fesselungsprinzip nur als Zeichen eines allgemeinen Niederganges zu verstehen. In der Tat ist denn auch diese Zeit durch einen stetig zunehmenden Pauperismus, durch das wachsende Massenelend besonders in den großen Städten charakterisiert, das durch eine unzweckmäßige staatliche Almosenwirtschaft noch gesteigert wurde, insofern sie die in der ländlichen Bevölkerung ohnedies vorhandene Neigung zur Abwanderung nach den Städten noch erhöhte.

Andererseits fanden in den vornehmen Kreisen Luxus und Verschwendung namentlich durch die orientalische Einrichtung des Hofes mächtige Förderung. Dem entsprach eine lebhafte Entwickelung von Handel und Gewerbe vor allem im Osten, wo ihr der unermüdliche Handelsgeist der Griechen, Ägypter, Syrer und Juden besonders günstig war.

Dem Rückgange der materiellen entsprach naturgemäß ein solcher der geistigen Kultur. Die Literatur verflachte, die Kunst verfiel. Die Gebildeten verloren die Führung, und an Stelle der Philosophie trat die aus den unteren Massen erwachsene und in immer höhere Kreise dringende religiöse Bewegung, aus der schließlich das Christentum als Sieger hervorging. Versöhnung der Reichsidee mit dem Christentum war daher geradezu das Kulturproblem schlechtweg, dessen Lösung dem durch D i o k l e t i a n und K o n s t a n t i n neubegründeten Staatswesen zufiel. Sie gelang jedenfalls besser auf politischem als auf dem Rechtsgebiete. Der religiöse Charakter, mit dem sich der Herrscher umkleidete, wurde eines der wichtigsten Mittel, die kaiserliche Macht zu stärken, die Orthodoxie das Bindemittel, das die Idee der Nationalität zu ersetzen und die verschiedenen Glieder des Reiches trotz Verschiedenheit der Sprache und Rasse zu einem einheitlichen Ganzen zu verbinden berufen war. Wie daher schon Konstantin, wohl nicht so sehr aus Interesse für theologische Streitfragen, als vielmehr um das Recht der Entscheidung für sich in Anspruch zu nehmen, auf dem Konzil von Nicäa den Vorsitz führte, so war schließlich auch Justinian die eigentliche Verkörperung des Cäsaropapismus.

So sehr demnach das Christentum, seit es von Konstantin anerkannt, von Gratian und Theodosius zur Staatsreligion erhoben war, alle Staatseinrichtungen beeinflußte und den Staat allmählich zu einem christlichen Gemeinwesen umgestaltete, so wenig vermochte es doch die Macht der heidnisch-römischen Rechtsüberlieferung zu erschüttern. Die Kirche benutzte zwar ihren persönlichen Einfluß auf die einzelnen Herrscher, um mancherlei Vorrechte für die Rechtgläubigen zu erwirken. Auch brachte die Anerkennung des Christentums manche rechtliche Neuerscheinung mit sich, wie die Rechtsnormen gegen Ketzer u. a. m. Ebenso erfuhren gewisse, die Kirche unmittelbar berührende Fragen, wie das Eherecht, starke Veränderungen. Aber von einer Durchtränkung des gesamten Rechtsstoffes mit christlichem Geiste, von der Aufstellung und Erfüllung gewisser grundsätzlicher Forderungen des Christentums war keine Rede. Vor allem blieb die Sklaverei bestehen, und ebensowenig wurden die Härten des Strafrechtes gemildert. Nur in Einzelheiten machte sich hier und dort der christliche Einfluß geltend. Die wachsende Fürsorge für Findlinge und Kriegsgefangene, vielleicht auch gewisse Beschränkungen der wirtschaftlichen Ausbeutung, wie das

Verbot der lex commissoria, die lex Anastasiana und der Schutz gegen laesio enormis, vor allem der Kampf um das Zinsrecht, den uns das syrisch-römische Rechtsbuch veranschaulicht, mögen dem Konto des Christentums gutzuschreiben sein.

Weit mehr als der christliche verlieh der hellenisch-orientalische Geist der Rechts- und Wirtschaftsordnung dieser Zeit ihr besonderes Gepräge, die durch Verlegung des Reichsmittelpunktes nach dem Osten und durch Bevorzugung des hellenistischen Wesens, wie auf allen anderen Gebieten, so auch auf dem Boden des Rechtes deutlich den Gedanken verwirklichte, daß der Westen seine Rolle ausgespielt habe, daß die Zukunft dem Osten gehöre. Christentum, griechische Kultur und überwiegend orientalisches Volkstum wurden nun die drei Grundpfeiler des Reiches, das, von Diokletian und Konstantin begründet, unter Justinian ein letztes Mal den Glanz des römischen Weltreiches in neuem Lichte wiedererstehen ließ.

Dieses Reich war zwar allenthalben von nicht griechischen und nicht gräzisierten Völkerschaften durchsetzt. Aber die Leitung des Staates lag in den Händen einer griechischen Minorität. Die maßgebende Beamtenschaft setzte sich zwar nicht rassenmäßig aus Griechen zusammen. Aber sie bestand nur aus griechisch sprechenden und griechisch denkenden Byzantinern. Der einzelne „Barbare" konnte bis zur obersten Spitze dieser Hierarchie gelangen. Aber Byzanz wurde niemals ein „Barbarenstaat".

Viertes Kapitel: Das Reichsregiment.

Schon Gallienus (253—268) und Aurelianus (270 bis 275) hatten versucht, der Anarchie des Reiches durch einschneidende Reformen ein Ziel zu setzen. An ihre Versuche knüpften Diokletian (284—305) und Konstantin (323 bis

337) an und führten durch zielbewußtes Vorgehen nochmals eine Regeneration des Reiches herbei.

Ihren charakteristischen Ausdruck fand die Neuordnung in der nun von Diokletian vorgeschriebenen Anrede des Kaisers als dominus. Der Herrscher war unbedingter und unbeschränkter Herr über Person und Gut aller Untertanen. Sein Vorbild war nicht mehr der römische Prinzeps, sondern die ägyptisch-hellenistische Theokratie. Er war nicht mehr princeps, sondern dominus (et deus), dem als solchem die adoratio gebührte. Eine rechtlich feste Thronfolge bestand auch jetzt nicht. Die Regel war wie bisher Berufung des Nachfolgers durch den Herrscher. Diesem Zwecke wurden vor allem Mitregentschaft und Samtherrschaft dienstbar gemacht.

Die Mitherrschaft, eine „ungleiche Kollegialität", war zwar fast so alt wie der Prinzipat. Denn schon Augustus hatte erst seinen Schwiegersohn Agrippa, dann seinen Stiefsohn Tiberius zum Mitregenten angenommen. Aber als ständige Einrichtung erschien sie erst jetzt. Die Berufung hing vom Belieben des Herrschers ab. Dem Mitregenten kam nicht der Augustusname zu. Er hatte keinen Anteil an den eigentlichen Kaiserrechten, an der Militärgewalt, an der Provinzialverwaltung, an der Beamtenernennung, an der Gerichtsbarkeit. Es sollte ihm vornehmlich die Nachfolge gesichert werden. Er sollte dadurch als „Kronprinz" charakterisiert und allenfalls zur Stellvertretung, wofür es ebenfalls an einer ordentlichen Einrichtung gebrach, ermächtigt werden.

Samtherrschaft, „gleiche Kollegialität", trat zum ersten Male nach dem Tode des Antoninus Pius (161) ein, als Mark Aurel die Regierung mit seinem Bruder Lucius Verus und nach dessen frühem Tode mit seinem unmündigen Sohne teilte. Vornehmlich in dieser Gestalt, daß der eine der beiden Mitregenten durch seine Jugend von einer wirklichen Anteilnahme an der Regierung ausgeschlossen war, ihm aber für den Fall der Erledigung der Thron formell gesichert wurde, trat die Samtherrschaft in vordiokletianischen Zeit auf. Diokletian erachtete die Thronfolge durch die Mitregentschaft für hinlänglich gesichert und machte mit der Samtherrschaft ernst. Kein Zweifel, daß damit der entscheidende Schritt zur Auflösung des Reiches getan war.

Die Umgestaltung der Samtherrschaft zu wirklicher Mitherrschaft bedeutete den grundsätzlichen Verzicht auf die Reichseinheit. Unter dem konstantinischen Hause wurde zwar das gesamte Reich noch mehrmals durch „Einherrschaft" zusammengefaßt. Aber seit Valentinian fiel das Reich endgültig in zwei Hälften mit gesonderter Verwaltung und mit vollständiger Selbständigkeit in Krieg, auswärtiger Politik und Finanzen auseinander, die sich nicht bloß politisch, sondern immer mehr auch kulturell voneinander schieden. Daran vermochte es nichts zu ändern, daß das imperium Romanum nach wie vor offiziell als Einheit galt, daß die Eponymie der Konsuln für beide Teile gemeinsam blieb, daß in beiden Teilen die Kaisergesetzgebung gleichmäßig gelten, daß Rom auch fürderhin gemeinsame Reichshauptstadt sein sollte.

In der Staatsverwaltung wurde die Trennung von Zivil- und Militärgewalt streng durchgeführt. Zwar verschwand nominell die Zivilgewalt überhaupt. Auch das Zivilamt wurde rechtlich als Soldatendienst (militia) aufgefaßt. Aber indem der Herrscher nun die staatliche Souveränität in seiner Person vereinigte, negierte er das selbständige Staatsamt, galt ihm jeder nur als Gehilfe für einen bestimmten Geschäftskreis, womit die Scheidung von selbst gegeben war. Zugleich ergab sich daraus naturgemäß eine hierarchische Gliederung dieser Gehilfenschaft mit ihren Stäben von Subalternbeamten (officia) nach Titel (illustres, spectabiles, clarissimi, perspectissimi, egregii), Gehalt (ohne Pensionsanspruch) und Rang (sub dispositione). Die Ernennung geschah durch den Kaiser (durch Erlaß an die Reichskanzlei, Eintragung in die Matrikel [laterculum] und kostenpflichtige Ausfertigung des Patentes [codicilli dignitatis]) für eine bestimmte Frist (per indictionem).

An der Spitze der Reichsverwaltung standen die Reichskanzler, praefecti praetorio, die ursprünglich die Militär- und Zivilgewalt vereinigten, aber schon unter Konstantin die Militärgewalt an die von ihm geschaffenen magistri militum, die Reichsfeldherren, abgeben mußten. Der Reichskanzler regierte einen Reichsteil, dessen Umfang öfter wechselte, aber im großen und ganzen dem jeweiligen Herrschaftsgebiet eines Augustus oder Cäsar gleich oder doch nahe kam. Das Amtsgebiet der Reichskanzler zerfiel in zwölf, später um einige Stellen vermehrte Diözesen, die zum Teile von ihm selbst, zumeist jedoch durch Stellvertreter (vicarius) verwaltet wurden. Ihnen unterstanden die Provinzialstatthalter (praesides, [cor]rectores) mit ihren gegenüber dem ehemaligen Umfange durchwegs stark beschränkten Sprengeln. Rom nahm nur noch insofern eine Sonderstellung ein, als zwar seine Beamten (Prätoren, Quästoren) nun auch offiziell den Munizipalbeamten gleichgestellt, aus der Liste der Reichsbeamten gestrichen wurden, der praefectus urbi aber als Reichsbeamter und Stadthaupt betrachtet wurde, dem alle Reichsbeamten mit stadtrömischer Kompetenz (praefectus annonae, vigilum etc.) unterstellt wurden, und der dem praefectus praetorio im Range zunächst stand. Dasselbe geschah dann (359) auch für die neue Hauptstadt am Bosporus, für Konstantinopel (Byzanz).

Auch die, wie stets unter dem absolutistischen Regiment, nicht streng vom Staatsdienst geschiedene kaiserliche Haus- und Hofverwaltung zerfiel in verschiedene Ressorts, deren Leiter den Ministern autokratisch regierter Staaten vergleichbar waren, der quaestor sacri palatii dem Justizminister, der comes sacrarum largitionum dem Finanzminister, der comes rerum privatarum einem Domänenminister. Der magister officiorum, der „Minister des kaiserlichen Hauses", stand den kaiserlichen Hofämtern (officia ab epistolis, a libellis, a memoria), und Kanzleien (scrinia ab epistolis, a libellis, a memoria, dispositionum) vor, der praepositus sacri cubiculi versah die Rolle des Obersthofmeisters. Eine eigentümliche Gruppe von Hofbeamten bildeten die agentes in rebus, die ohne bestimmtes Amt zur Verfügung des Kaisers standen. Auch ihre „schola" unterstand dem magister officiorum.

Für ein Regiment des Senates war in dieser Verfassung von vornherein kein Raum. Zwar trat dem römischen sogar ein zweiter, der konstantinopolitanische Senat zur Seite. Aber rechtlich und tatsächlich waren beide Körperschaften für das Reich nicht viel mehr als Publikationsstellen der Kaisergesetze, in der Hauptsache nur noch Stadträte. Selbst ihre beratende Funktion ging völlig an den jetzt consistorium genannten Staatsrat über, dem nun nicht bloß die kaiserliche Rechtsprechung oblag, sondern auch die Vorbereitung der Gesetze und Verwaltungsakte, der Empfang und die Bescheidung von Gesandtschaften. Aus den höchsten Staatsbeamten in bestimmter Rangabstufung zusammengesetzt und mit allgemeiner Kompetenz ausgestattet, war er der wirkliche Mittelpunkt der Regierung. Formell waren Gesetzgebung und Beamtenernennung nun das ausschließliche Vorrecht des Herrschers.

Die aus der früheren Kaiserzeit überkommene Stadtverfassung bestand zwar fort. Aber auch das Gemeindeleben erstarb unter dem Drucke des Absolutismus. Auch die städtischen Einrichtungen wurden zu Werkzeugen des absoluten Regimentes. Die Vermögensverhältnisse der Gemeinden wurden immer trostloser, zumal seit Konstantin städtische Güter in ausgedehnter Weise zu kirchlichen und zu anderen Zwecken eingezogen wurden.

Zutreffend hat man daher diese in der absoluten Herrschaft des Regenten konzentrierte Verfassung als Dominat bezeichnet.

Das komplizierte System der Samt- und Mitherrschaft, das Diokletian geschaffen hatte, indem er seinen Waffengefährten Maximian zum Augustus des Westens annahm, Constantius Chlorus und Galerius zu Mitregenten (Caesares) ernannte und dadurch eine Tetrarchie bildete, brach zwar in der Folge unter dem Gewichte der dynastischen Familientendenzen zusammen. Aber seine Ordnung des Heeres und der Verwaltung behauptete und bewährte sich. Erst die Begründung germanischer Staaten innerhalb der Reichsgrenzen löste den Reichsverband auf. Doch selbst diese germanischen Staaten ordneten sich in gewissem Sinne noch dem Reichsregiment ein und unter, indem ihre Herrscher mit der Stellung germanischer Volkskönige die kaiserlicher Beamter vereinigten. Justinian vermochte sogar das Reichsgefüge noch einmal herzustellen. Aber seine Herrschaft bedeutete bereits das Ende der alten, den Beginn einer neuen Zeit. Der Einbruch der Langobarden in Italien (568) führte schließlich den Fall des Reiches herbei und grenzte damit wenigstens für das Abendland das Altertum vom Mittelalter ab.

Fünftes Kapitel: Das Recht.

Seit Diokletian ist der Kaiser ausschließlicher und unumschränkter Gesetzgeber. Auch die Senatsbeschlüsse, die noch zu Anfang des dritten Jahrhunderts formell die orationes (principis) in senatu habitae deckten, hörten nun gänzlich auf. Der Senat sollte zwar noch nach einer Konstitution der Kaiser Theodosius und Valentinian (446) zur Beratung neuer Gesetze zugezogen werden. Allein die endgültige Beschlußfassung ging jedenfalls vom Kaiser aus. Demgemäß nahmen nun auch die Konstitutionen der Kaiser die Bezeichnung leges an. Theodosius II. hob überdies den Unterschied zwischen leges perfectae, minus perfectae und imperfectae auf, indem er alle gegen ein Gesetz verstoßenden Rechtsgeschäfte für nichtig erklärte. Der oberste Beirat des Kaisers in Rechtsangelegenheiten war der quaestor sacri palatii, der Vorsitzende des consistorium principis. Ungeachtet der Teilung des Reiches galten zunächst grundsätzlich die in der einen Reichshälfte erlassenen Konstitutionen auch für die andere. Die dadurch veranlaßte Unsicherheit ließ jedoch Theodosius II. (429) verfügen, daß diese Wirksamkeit in der anderen Reichshälfte jedesmal erst dann eintreten sollte, wenn eine Konstitution dem Beherrscher dieses Reichsteiles übersandt, von ihm angenommen und für seine Reichshälfte kundgemacht wäre.

Die Formen der Kaiserkonstitutionen blieben zwar im großen und ganzen dieselben wie vordem, erfuhren aber doch manche bedeutsame Wandlung. Bevorzugt wurde für allgemeine Rechtsvorschriften (leges generales) die Form des Ediktes (leges edictales), zumeist in Briefform an Stelle der früher üblichen Gestalt der Rede. Diese Edikte wandten sich teils an das Gesamtvolk (ad populum), teils an einzelne Volksteile (ad populum urbis Romae etc.), bisweilen auch an den Senat, zumeist an die höchsten Reichsbeamten, mit dem Auftrage, für die weitere Kundmachung Sorge zu tragen.

Mandate kamen zwar noch vor. Doch waren sie zumeist durch generelle Gesetze ersetzt. Die Erteilung eines liber mandatorum an die Beamten bei Antritt ihres Amtes kam anscheinend im fünften Jahrhundert ab, wurde aber von Justinian (535) wieder eingeführt.

Die Dekrete, kaiserliche Verfügungen für den Einzelfall, verloren infolge der Änderung des Gerichtsverfahrens fast völlig ihre Bedeutung. Sie gingen in den Reskripten auf. Deren Gleichstellung mit den Edikten hinsichtlich der Gesetzeskraft verlor sich vollständig. Das auf einseitigen Parteivortrag erflossene Reskript galt zunächst nur unter der Bedingung der Richtigkeit und Vollständigkeit des behaupteten Tatbestandes (praescriptio mendaciorum). Zeno verfügte sogar die ständige Einfügung der Klausel si preces veritate nituntur in jedes Reskript. Auch wurde das Reskript anscheinend nicht mehr öffentlich ausgehängt, sondern der Partei im Original zugestellt. Es war ferner wiederholt vorgekommen, daß Reskripte erschlichen wurden, die gegen Wissen und Willen des Kaisers bestehendes Recht und allgemeine Grundsätze verletzten. Auch wollte man der Rechtswissenschaft die Entscheidung darüber entziehen, ob ein Reskript nur geltendes Recht anwende oder neue Rechtssätze aufstelle. Darum verfügte schon Konstantin, daß Reskripte, die dem bestehenden Rechte widersprechen, ungültig, Arcadius (398), daß eine Berufung auf Reskripte in anderen Fällen, als für die sie erlassen seien, unzulässig sein sollte. Valentinian III. schränkte das in der Weise ein, daß er die Ausdehnung des Reskriptes auf andere gleichartige Fälle gestattete, wenn es ausdrücklich angeordnet sei. Justinian schrieb schließlich auch ohne solche Anweisung den Reskripten Gesetzeskraft zu, die bestehendes Recht nur auslegen.

Neben den Reskripten werden in dieser Zeit auch adnotationes genannt. Teils werden sie mit dem Konzepte der Reskripte, teils mit dem Reskripte selbst identifiziert. Bisweilen erscheinen sie auch als eine besondere Form der Reskripte. Vielleicht bezeichneten sie die vom Kaiser persönlich geschriebene Marginalverfügung auf der Eingabe im Gegensatze zu der förmlichen epistula, zu dem äußerlich selbständigen, vom quaestor sacri palatii diktierten, vom Kaiser nur unterzeichneten Reskript.

Eine eigentümliche Erscheinung ist endlich die zuerst im vierten Jahrhundert (in technischer Anwendung seit Beginn des fünften Jahrhunderts) auftauchende sanctio (lex, forma) pragmatica (rescriptum pr., pragmatica [oder -cum] schlechtweg). Damit wurden anscheinend Erlässe bezeichnet, die ein πρᾶγμα, eine bestimmte Angelegenheit, aber nicht eine gewöhnliche spezielle Verwaltungs- oder Justizsache, sondern ein öffentliches Interesse betrafen. Doch sind sie weder gegen die Reskripte, noch gegen die leges generales abzugrenzen. Sie waren teils allgemeiner, teils besonderer Natur, nur immer vom öffentlichen Interesse geleitet, durch den Bericht eines Beamten oder Gesuchstellers veranlaßt, deshalb von Zeno wie die Reskripte an die Klausel si preces etc. gebunden, aber nicht an einzelne, sondern an Provinzen, Gemeinden und Korporationen gerichtet. Anastasius sprach ihnen Geltung im Widerspruche mit leges generales ab. Justinian ließ sie neben seinem Kodex in Kraft, soweit sie Privilegien erteilten oder mit ihren allgemeinen Rechtssätzen dem Kodex nicht widersprachen.

Die Sprache der Konstitutionen blieb auch im Orient vorwiegend die lateinische. Im vierten und noch zu Anfang des fünften Jahrhunderts begegnen nur wenige griechische Konstitutionen. Manche wurden in beiden Sprachen erlassen. Unter Leo, Zeno und Anastasius wuchs die Zahl der griechischen Konstitutionen zusehends. Besonders groß wurde sie unter Justinian. Seit 534 verschwand das Lateinische fast ganz. Die Konstitutionen Diokletians waren ferner noch durch Knappheit des Ausdruckes und Schärfe der Gedanken ausgezeichnet. Später überwucherten schwulstige Rhetorik und Geschwätzigkeit. Gesammelt wurden sie nach wie vor in den commentarii des kaiserlichen Archivs, die leges generales anscheinend in einem besonderen liber legum. Zu ihrer Erläuterung dienten auch jetzt noch Erlässe der Prätorianerpräfekten in Verwaltungs-, Prozeß- und Privatrechtsangelegenheiten.

Das absolute Kaiserregiment ließ jedoch nicht bloß neben

dem Kaiser keinen Raum für andere rechtschaffende Organe. Es unterband auch den Einfluß der Rechtswissenschaft auf die Fortbildung des Rechtes. Das ius respondendi wurde nicht mehr verliehen. Die Kaiser nahmen die interpretatio als Privileg für sich in Anspruch. Sie stellten einen festen Kanon der Rechtsliteratur auf und schufen einen eisernen Bestand des Juristenrechtes, des in den Juristenschriften überlieferten Rechtes, das sie als ius (ius vetus, ius antiquum) ihren leges gegenüberstellten.

Das steigende Ansehen der iuris auctores hatte allmählich dazu geführt, daß ihre Schriften förmlich an Stelle der Rechtsquellen, der Gesetze, Senatsbeschlüsse und Edikte getreten waren, die sie verarbeiteten. Man berief sich nicht mehr auf diese dem Namen nach bis auf Justinian geltenden Normen, sondern auf die betreffenden Juristenschriften. Das brachte bei der Menge des Stoffes und der Meinungsverschiedenheiten der klassischen Juristen naturgemäß Zweifel und Zufälligkeiten in der Auswahl, Entstellungen, ja sogar Fälschungen mit sich.

Die Lösung dieser Schwierigkeiten versuchte zunächst Konstantin, indem er (321) die Benutzung der notae des Paulus und Ulpian zu Papinian verbot. Dasselbe Schicksal ereilte später die Noten Marcians. Wahrscheinlich im Jahre 328 wurden dann die Werke des Paulus, namentlich seine sententiae ausdrücklich mit Gesetzeskraft ausgestattet. Endlich (426) erließ Valentinian III. das berühmte sogenannte Zitiergesetz. Vermutlich an die herrschende Übung anknüpfend, bestätigte es die Geltung der Schriften von Papinian, Paulus, Ulpian und Modestin und stellte ihnen die des Gajus gleich, der erst dadurch den Rang eines iuris auctor erhielt. Nur die zuvor genannten Noten blieben ausgeschlossen. Andererseits sollten auch die Ansichten der von ihnen Zitierten gelten, von denen das Gesetz Sabinus,

Scävola, Julian und Marcellus namentlich anführte, und zwar nicht bloß insoweit, als sie zitiert seien, sondern überhaupt, sofern die Echtheit der Lesart durch Vergleich mehrerer Handschriften festgestellt sei. Bei Meinungsverschiedenheit sollte Stimmenmehrheit, bei Stimmengleichheit Papinian und nur, wenn er zu der Frage schwieg, der Richter entscheiden. Praktisch wurden die guten Absichten des Gesetzes wohl kaum. Wer sollte all die Bücher anschaffen oder gar lesen? Wie sich der Jurist der „consultatio“ mit den Sentenzen des Paulus begnügte und außerdem nur noch die leges Romanae barbarorum sowie die Institutionen des Gajus heranzog, so wird es wohl auch sonst gehalten worden sein. Darum wäre wahrscheinlich die ganze Arbeit und Weisheit der großen römischen Juristen verloren gegangen, wenn sie nicht Justinian in seinen Pandekten gerettet hätte. Erst seine Kodifikation machte diesen kläglichen Zuständen ein Ende.

Diese Verhältnisse mußten die in der Rechtswissenschaft noch lebendigen Kräfte vollends lähmen. Sie sind freilich schon ihrerseits nur als Zeichen eines völligen Niederganges der Rechtswissenschaft verständlich. Ein solcher Rückgang war in der Tat eingetreten, teils einem allgemeinen Gesetze der Entwicklung folgend, als Rückschlag der vorausgegangenen Periode hervorragender Produktivität, teils, durch die Zeitverhältnisse bedingt, infolge des Umschwunges in der geistigen Bewegung, die sich damals voll und ganz der religiösen Frage zuwandte, in dem Kampfe für und wider das Christentum aufging. Als einziger namhafter Jurist ist etwa der aus sprachlichen Gründen doch wohl ins vierte Jahrhundert zu stellende Aurelius Arcadius Charisius zu nennen, dessen Werke in Justinians Digesten benutzt sind. Im übrigen beschränkte sich die Literatur dieser Zeit auf Sammelwerke, Paraphrasen u. dgl. m.

Erst gegen Justinians Zeit zu zeigte sich wieder ein entschiedener Aufschwung in den Rechtsschulen des Orients, vor allem in Beryt, der es denn auch Justinian ermöglichte, den unter Theodosius gescheiterten Plan einer Gesamtkodifikation erfolgreich wieder aufzunehmen. Dieser Aufschwung hing vielleicht wenigstens zum Teil mit der Reform des Rechtsunterrichts zusammen. Zunächst war der bisherige Zustand, einzelne öffentliche Rechtsschulen und daneben private Rechtslehre, unverändert geblieben. Für das Jahr 425 ist dann die Anstellung juristischer Professoren (antecessores) mit staatlicher Besoldung in Konstantinopel bezeugt. Eine Konstitution verbot in diesem Jahr allen nicht angestellten Lehrern, öffentlich Rechtsunterricht, den angestellten Professoren, Privatunterricht zu erteilen. Dieselben Verhältnisse bestanden in Rom und Beryt. Dagegen waren die Lehrer der Rechtsschulen in Athen, Cäsarea und Alexandria nicht staatlich angestellt. Justinian hob diese Schulen auf. Spätestens seit dem fünften Jahrhundert waren der Besuch einer Rechtsschule, die Einhaltung einer bestimmten Studienzeit und ein Zeugnis des Rechtslehrers Bedingung für den Eintritt in die juristische Laufbahn. Justinian dehnte zwar anscheinend nicht erst die Studienzeit auf fünf Jahre aus (Iustiniani novi, bisher dupondii; edictales; Papinianistae; Lytae, d. h. soluti, exempti (?); Prolytae). Das scheint vielmehr schon früher geschehen zu sein. Doch traf er insofern einschneidende Änderungen, als er die Reihenfolge der Kurse verschob und die Unterrichtsgegenstände auf Grund seiner Gesetzgebungswerke reformierte.

Es gab wohl noch immer Juristen, die das römische Recht pflegten und in voller Reinheit bewahrten. Es seien nur Cyrillus, Domninus, Demosthenes, Eudoxius, Patricius genannt. Aber der Verfall des römischen Rechtes war doch unaufhaltsam, seitdem Rom und Italien ihren politischen und wirtschaftlichen Vorrang vor den Provinzen eingebüßt, der Osten des Reiches die Vorherrschaft erlangt hatte. Die Verallgemeinerung des Bürgerrechtes, das zunehmende Übergewicht der Orientalen unter den Neubürgern ließen den Gegensatz zwischen ius civile und ius gentium immer mehr verflüchtigen, das ius civile immer mehr und mehr im ius gentium aufgehen, die spezifisch-römischen Rechtseinrichtungen, die solcher Umgestaltung im Geiste des ius gentium nicht fähig waren, allmählich verschwinden. Um so zäher behaupteten sich die alten volksrechtlichen Elemente und führten zu einer wachsenden Entartung des römischen Rechtes, zur Ausbildung einer Art von Vulgarrecht. Der fest eingebürgerte, durch eine hohe Kultur gestützte Hellenismus war stärker als das römische Recht. Daran vermochten auch Gewaltmaßregeln, wie die erwähnte Aufhebung der Rechtschulen zu Alexandria, Caesarea und an anderen Orten, quia audivimus... imperitos homines ibidem devagare et doctrinam discipulis adulterinam tradere, nichts zu ändern. Wie daher schon Konstantin den Versuch einer energischen Schwenkung nach der Seite des griechischen Rechtes unternommen hatte, so bedeutete auch Justinians großes Gesetzgebungswerk, mochte es auch auf der Grundlage der klassischen Rechtswissenschaft aufgebaut sein, ein entschiedenes Kompromiß des römischen „Stadtrechtes" mit dem griechischen „Landrechte". Das ius Romanum, die für den ganzen orbis Romanus geltenden leges Romanae waren römisch nur mehr dem Namen nach.

Sechstes Kapitel: Der Rechtsgang.

Die Entwurzelung des römischen Wesens, die schon des Augustus Prinzipat, noch mehr Hadrians Monarchie und vollends die Autokratie Diokletians herbeiführte, verschonte auch die Gerichte und ihr Verfahren nicht. Aber auch hier war es nicht ein offener Bruch mit der bestehenden Gerichtsverfassung, der den Wandel herbeiführte. Der Prinzipat entwand vielmehr kraft seiner stets stärker betonten staatsrechtlichen Ausnahmsstellung die Gerichtsgewalt den ordentlichen Magistraten ganz allmählich und sozusagen von selbst, um sie wie die übrigen Gewalten in seiner Hand zu konzentrieren. Die Umgestaltung des gerichtlichen Verfahrens ergab sich als Folge der „Einführung des monarchischen Prinzips in den Zivilprozeß". Darum war der Geburtstag des Prinzipates in gewissem Sinn auch der des Kognitionsprozesses. Nur dessen endgültiger Sieg über den Formularprozeß vollzog sich erst nach einem Jahrhunderte währenden Kampfe.

Die cognitio, das Untersuchen und Erkennen an sich, war schon dem ordentlichen Zivilprozesse nicht fremd. In Gegensatz dazu trat sie erst, wo diese Tätigkeit des Beamten in den Wirkungskreis des Geschworenen eingriff, namentlich wenn sie die Erledigung der Streitsache selbst durch Urteil oder durch andere abschließende Entscheidung bezweckte. Das ist es, was schon die klassischen Juristen cognitio extra ordinem, Justinians Kompilatoren cognitio extraordinaria nannten.

Entstehung und Entwicklung dieses Kognitionsprozesses sind freilich noch immer der Gegenstand lebhafter Zweifel und Kontroversen. Nur an ihrem Zusammenhange mit der Umgestaltung der Verfassung durch den Prinzipat ist doch wohl nicht zu zweifeln. Vielleicht geht die Vermutung nicht fehl daß der Ausgangspunkt der Neuordnung in den Provinzen zu suchen sei.

So wahrscheinlich es ist, daß unter der Republik der Formularprozeß auch in den Ländern nichtrömischer Kultur überall eingeführt wurde, so wenig ist es bisher gelungen, in einer der dem Prinzeps überwiesenen Provinzen eine sichere Spur der Geltung des Formularverfahrens zu entdecken, während es in den senatorischen Provinzen anscheinend noch im zweiten Jahrhunderte die Regel bildete. Das mag kein Zufall sein. Der Prinzeps verwaltete die ihm unmittelbar unterstellten

Provinzen durch seine Legaten (legati Augusti), die zwar ein imperium pro praetore, aber nicht kraft eigenen Rechtes, sondern als seine Organe, Mandatare besaßen, deren Jurisdiktionsgewalt ebenso wie die besonders bestellter legati iuridici, wenn auch in ihrer proprätorischen Stellung begründet, doch aus der Machtbefugnis des princeps floß. Nun schrieb sich zwar der Prinzeps von jeher kraft der schon Cäsar und in Anlehnung daran Augustus und seinen Nachfolgern durch die lex de imperio eingeräumten Befugnis (ius potestasque), in allen göttlichen und menschlichen, öffentlichen und privaten Dingen zu tun, was ihm für das Wohl und die Ehre des Staates angemessen erschien, das Recht zu, Prozesse, die vor die ordentlichen Gerichte gehörten, solange sie noch nicht in das Stadium des iudicium getreten waren, zu eigener Entscheidung an sich zu ziehen, m. a. W. eine allgemeine und unbeschränkte Jurisdiktionsgewalt für sich in Anspruch zu nehmen. Aber es ist uns „kein Fall überliefert, wo der Kaiser ein Schwurgericht mit formelmäßiger Anweisung niedergesetzt hätte". Man wird daher trotz Mommsen bezweifeln dürfen, ob er das überhaupt konnte. Man wird zumindest vermuten dürfen, daß sein und deshalb auch seines Delegaten Eingreifen die Tätigkeit des ordentlichen Gerichtes und damit auch die eines Geschworenen ausschloß. Damit fände der Mangel des ordentlichen Prozesses in den kaiserlichen Provinzen seine natürlichste Erklärung, dessen tatsächliches Vorliegen umgekehrt der angedeuteten Vermutung die beste Stütze leiht.

Nicht so sehr der Mangel einer rechtlichen Basis, die eben jene Bestimmung des Bestallungsgesetzes bot, als vielmehr politische Klugheit hielt dagegen den Prinzeps zunächst davon ab, außerhalb seines provinziellen Machtkreises von seiner außerordentlichen Gerichtsgewalt reichlicheren Gebrauch zu machen. Die freiwillige Gerichtsbarkeit, die ihm wie jedem magistratus maior zustand, übte er unbedenklich aus. Auch die streitige Gerichtsbarkeit wurde zwar gelegentlich schon von Augustus gehandhabt. Aber eine vielgenannte Bemerkung Suetons über Claudius zeigt deutlich, daß man die Rechtsprechung des Prinzeps an Stelle des Geschworenengerichtes zunächst doch als eine Art von Rechtsverletzung empfand.

Verfehlt ist es anscheinend, die Lösung dieser Kollision zwischen ordentlicher und außerordentlicher Gerichtsbarkeit darin zu finden, daß sich die extraordinaria **cognitio** des Prinzeps auf das ius extraordinarium, auf das dem Volks- und Amtsrechte der republikanischen Zeit angeblich durch die Kaisergesetzgebung zur Seite gestellte neue, kaiserliche Recht zurückgezogen habe. Verfehlt deshalb, weil der Gegensatz von res cognitionis und res ordinarii iuris tatsächlich nicht in dem Ursprunge des materiellen Klagerechts lag, weil die Unterscheidung zwischen ius ordinarium und extraordinarium rein prozessualer Natur, dem materiellen Recht allezeit fremd war. Es ist unbewiesen und unerweislich, daß das sogenannte ius extraordinarium, das Kaiserrecht, grundsätzlich des ordentlichen Rechtsschutzes der altrepublikanischen Gerichte ermangelte, auf die verwaltungsrechtliche Hilfe angewiesen war.

Grundsätzlich ließen vielmehr wohl der Prinzipat und sein „neues" Privatrecht die ordentliche Gerichtsbarkeit unberührt. Aber das moralische Übergewicht des Prinzipates und dessen Anerkennung durch das Rechtsschutz suchende Publikum drängten die ordentliche Gerichtsbarkeit tatsächlich immer mehr in den Hintergrund. Es kam immer häufiger vor, daß sich die Parteien unmittelbar mit der Bitte (supplicatio) an den Prinzeps wandten, ihren Rechtsstreit zu entscheiden. Ebenso erbaten die Gerichte selbst (consultatio, relatio) namentlich in zweifelhaften Fällen die Entscheidung des Herrschers. Das benützte der Prinzeps zwar auch, um auf diese Weise einer Reihe bis dahin schutzloser Verhältnisse Anerkennung und Geltung zu verschaffen. Fideikommisse, Alimentenforderungen aus gesetzlichen Alimentationsverpflichtungen, Honoraransprüche, gewisse Forderungen der Gewaltunterworfenen (auf Freilassung, Veräußerung, Emanzipation) gegen den Gewalthaber, die nicht im ordentlichen Prozeß verhandelt werden konnten und sollten, Ansprüche des Mündels gegen den Vormund aus der Vormundschaft während deren Dauer u. a. m. sind dadurch erst des Rechtsschutzes teilhaftig geworden. Aber ebenso wurden auch andere Rechtsfragen wie Statussachen, gewisse Restitutions- und Interdiktsfälle, die schon längst des Rechtsschutzes teilhaftig waren, seitdem mit Vorliebe auf diesem Wege zur Entscheidung gebracht.

Allein auch in all diesen Fällen war es zunächst wenigstens regelmäßig nicht der Prinzeps selbst, der sich die Rechtsprechung „anmaßte". Für die Fideikommisse ist es uns bestimmt überliefert, daß Augustus die Konsuln anwies, in Fällen ganz besonderer „Untreue" einzuschreiten. Auch für die Alimentenforderungen waren die Konsuln zuständig. Honorarforderungen wurden vor dem praefectus urbi und vor den Provinzialstatthaltern verhandelt. Ebenso stand es mit den Ansprüchen der Gewaltunterworfenen usw. Diese Organe wurden zwar in all diesen Fällen nur kraft kaiserlicher (allgemeiner oder besonderer) Delegation tätig. Immerhin bedeutete das aber eine grundsätzliche Enthaltung des Prinzeps selbst von der Rechtsprechung. Auch deutete die Wahl gerade dieser Organe an, daß der Prinzeps nicht so sehr in die Rechtsprechung der ordentlichen Gerichte eingreifen, als vielmehr nur mangels ordentlicher Rechtshilfe auf dem Verwaltungswege „polizeilich" Abhilfe gewähren wollte.

Nur eine Ausnützung des Verwaltungsapparates, der Polizeihilfe zu Privatrechtszwecken war es schließlich auch, daß die leitenden Verwaltungsbehörden weniger kraft kaiserlicher Ermächtigung als kraft tatsächlicher, ebenso durch die Vorliebe des Publikums wie durch das Schwinden des Ansehens der Gerichte unterstützter Ausdehnung ihrer Kompetenz immer mehr und mehr auch die Entscheidung der mit ihren Ressorts zusammenhängenden Rechtsfragen in Anspruch nahmen. Darum schrieb schon Pomponius dem praefectus annonae, der sich beispielsweise zur Entscheidung über Ansprüche des exercitor navis aus Verträgen des magister navis zuständig erachtete, und dem praefectus vigilum, der anscheinend auch Privatrechtsstreite zwischen Mieter und Vermieter entschied, geradezu Gerichtsbarkeit zu. Vollends der praefectus urbi hielt sich allmählich für befugt, unter dem Vorwande der öffentlichen Sicherheit jede privatrechtliche Entscheidung an sich zu ziehen.

Echte richterliche Tätigkeit des Prinzeps außerhalb seines provinziellen Machtkreises war nur seine Funktion als Berufungsinstanz. Mochte die Appellation nur gegen Verfügungen des Gerichtsmagistrates oder, was wahrscheinlicher ist, auch gegen den Spruch des Geschworenen schon seit Beginn der Kaiserzeit zulässig sein, jedenfalls bedeutete sie Entscheidung des Rechtsstreites durch den Prinzeps als obersten Richter und Konzentration der Rechtsprechung in seiner Person. Indem der Prinzeps auch diese Tätigkeit nicht regelmäßig selbst, sondern durch ständige oder fallweise Vertreter ausübte, verlieh er auch diesen Vertretern, vor allem dem praefectus urbi eine gewissermaßen richterliche Stellung, verschob er die Grenzen der Gerichtsbarkeit zugunsten der Verwaltung. Wie allenthalben und allezeit, so mußte aber nicht bloß die Appellationsgerichtsbarkeit des Prinzeps auch auf die Rechtsprechung der unteren Instanzen und damit auch auf das materielle Recht überhaupt zurückwirken. Die dadurch erzeugte Rechtsunsicherheit und das Übergewicht der kaiserlichen Rechtsprechung mußten vielmehr auch die Reigung der Parteien, den Prinzeps unmittelbar als Richter in Anspruch zu nehmen, die Sorge der Gerichte, durch rechtzeitige Anfrage beim „Oberrichter" einen Widerspruch ihres Urteils mit seiner Entscheidung zu vermeiden, stetig steigern. Ihren sichtbaren Ausdruck fanden diese Tendenzen in der immer mehr überhandnehmenden Reskriptstätigkeit des Herrschers.

Kein Wunder daher, daß in dem Augenblicke, wo der Prinzeps seine kaiserliche Machtstellung unumwunden betonte, die ordentliche Gerichtsbarkeit fast völlig zusammenbrach. Den Anstoß dazu gab Hadrian. Wie er durch seine Ediktsredaktion die rechtsschöpferische Kraft des Prätors tatsächlich lahm legte, die Privatrechtsschöpfung den einzelnen Magistraten entwand und in der Hand der Zentralstaatsgewalt vereinigte, so stand er auch nicht an, deren rechtsprechende Tätigkeit einzuengen, indem er, was noch Trajan anscheinend abgelehnt hatte, Anfragen der Parteien in streitigen Rechtsfällen nicht bloß durch Erledigung an die anfragende Partei, sondern auch schon durch entsprechende Weisungen an den erkennenden Beamten beantwortete, womit er die Grundlage für den sogenannten Reskriptsprozeß schuf. Demselben Geiste machte er die Gutachtertätigkeit der „privilegierten" Juristen dienstbar, indem er durch ein bereits gewürdigtes Reskript den Richter unter gewissen Voraussetzungen an diese ex auctoritate principis erteilten Gutachten band.

Auch die reskribierende Tätigkeit der Kaiser wurde anfänglich überwiegend durch Anfragen aus den Provinzen veranlaßt. Auch der kaiserliche Reskriptprozeß war zunächst vornehmlich Provinzialprozeß, allerdings aber nicht mehr bloß in den kaiserlichen, sondern auch bereits in den senatorischen Provinzen, wo der Übergang schon deshalb erleichtert war, weil hier, namentlich im hellenistischen Kulturgebiete, von jeher der Prozeß zwischen Bürgern derselben Stadtgemeinde, ja auch zwischen Angehörigen derselben politisch organisierten Stammesgemeinschaft durch Sondergerichtsbarkeit der römischen Provinzialjurisdiktion und ihrem ordentlichen Verfahren entzogen war und selbst für den römischen Jurisdiktionsbereich die verfassungsmäßige Grundlage des ordentlichen Verfahrens von vornherein zumeist mangelhaft war. Tatsächlich scheint zumindest seit dem dritten Jahrhundert der Provinzialprozeß grundsätzlich und ausschließlich Kognitionsprozeß geworden zu sein.

War aber der Kognitionsprozeß von Haus aus ein römisches, wenn auch ein außerordentliches, vornehmlich durch die Eigenheit der Provinzen und durch die besondere Stellung des Prinzeps in der Provinz veranlaßtes Verfahren, so stand nichts im Weg, ihn auch in Rom und auf römische Bürger Anwendung finden zu lassen. Die Rücksicht auf die bestehende Ordnung veranlaßte die Kaiser jedoch anscheinend, hier von ihrer außerordentlichen Gerichtsbarkeit zunächst nur Gebrauch zu machen, wo der ordentliche Prozeß im Stiche ließ. Je mehr aber der monarchische Charakter des Prinzipates zur Geltung kam, desto weniger erachtete sich der Herrscher an diese Schranke gebunden. Dieser Zusammenhang zwischen Prozeßordnung und Verfassung wird dadurch bestätigt, daß die Quästionenpräturen und die Fremdenprätur nicht über den Anfang des dritten Jahrhunderts hinaus nachweisbar sind. Läßt sich das zwar für die Fremdenprätur bis zu einem gewissen Grade mit der Verallgemeinerung des Bürgerrechtes durch Caracalla erklären, so versagt diese Erklärung doch jedenfalls für die prätorischen Strafgerichte. Dazu kommt, daß auch die Geschworenenlisten im Laufe des dritten Jahrhunderts verschwanden, wenigstens seit Mark Aurel nicht mehr zu erweisen sind. Vor allem läßt aber das anscheinend mit Diokletians Verfassungsreform zusammenfallende Verschwinden der Jurisdiktion des Stadtprätors, dessen Amt als solches sie überlebte, keine andere Deutung zu, als daß das absolute Kaiserregiment dem faktisch schon längst zum Schatten gewordenen ordo iudiciorum auch rechtlich ein Ende bereitete.

Diese gesetzliche Beseitigung des Geschworenenprozesses wollte man ja längst und oft schon in jener berühmten Verordnung Diokletians entdecken, durch die er die Statthalter anwies, de his causis, in quibus quod ipsi non possent cognoscere ante hac pedaneos iudices dabant, notionis suae examen adhibere. Doch wollte der Kaiser damit den Statthaltern wohl nur das Recht nehmen, Streitsachen (cognitiones) beliebig an delegierte Unterrichter (nicht Geschworene) zu überweisen, sie grundsätzlich zur Selbstentscheidung verhalten. Diese Verfügung machte m. a. W. nicht erst den Kognitionsprozeß zum ordentlichen Verfahren. Sie setzt ihn bereits als solches voraus.

Der Übergang vom Formular- zum Kognitionsprozeß vollzog sich demnach unter dem Einflusse der Verfassungswandlungen, die der Prinzipat herbeiführte und durchmachte. Seine rechtliche Grundlage bildete die gesetzlich gewährleistete Befugnis des Prinzeps zur Rechtsprechung. Von dieser Befugnis machte der Herrscher zunächst vorwiegend in seinem provinziellen Machtkreis und gegenüber Provinzialen, in Rom bloß oder doch vornehmlich als Appellationsrichter und in Verwaltungssachen, seit dem Erstarken der Monarchie auch in Konkurrenz mit den ordentlichen Gerichten, erst das absolute Kaiserregiment unter völliger Verdrängung der ordentlichen Gerichte Gebrauch. Wie in den übrigen Funktionen bediente sich aber der Prinzeps auch bei Ausübung der Gerichtsbarkeit bestimmter Vertreter. Diese Vertreter waren verschieden von den ordentlichen Gerichtsbehörden, die dadurch allmählich vollständig aus ihrem Wirkungskreise verdrängt wurden. Der schließliche Erfolg, der etwa zugleich mit

Diokletians Verwaltungsreform eintrat, war der vollständige Übergang der Rechtspflege an die Organe der Verwaltung, das völlige Aufgehen des gerichtlichen Prozesses im Verwaltungsstreitverfahren. Der außerordentliche, im Widerspruche mit der ordentlichen Gerichtsverfassung zur Ausbildung gelangte Charakter dieser Neuordnung aber prägte sich dauernd in ihrer Bezeichnung als cognitio extraordinaria aus, die sie beibehielt, auch nachdem der ordo iudiciorum längst verdrängt, sie selbst das ordentliche Verfahren geworden war.

Die Neuordnung kam ebenso in der Gerichtsverfassung wie im Verfahren selbst zur Geltung. Oberster Gerichtsherr war der Herrscher. Er übte zwar die Gerichtsbarkeit regelmäßig nicht selbst aus. Aber die gesamte Rechtsprechung erfolgte gewissermaßen in seinem Namen. Ihre Organe waren nicht mehr die „republikanischen" Gerichtsmagistrate, von denen nur noch der praetor tutelarius oder (wie er in nachdiokletianischer Zeit regelmäßig hieß) tutelaris Mark Aurels eine gewisse Gerichtsbarkeit in Vormundschaftssachen und der vielleicht nicht viel jüngere praetor de liberalibus causis eine solche in Freiheitsprozessen, doch vermutlich ebenfalls nur als kaiserliche Mandatare in den Formen der extraordinaria cognitio übten. In den Hauptstädten des Reiches, in Rom und (seit 359) in Byzanz, ruhte die allgemeine Gerichtbarkeit in den Händen des praefectus urbi. Neben ihm übten der praefectus annonae und der praefectus vigilum eine beschränkte (konkurrierende?) Gerichtsbarkeit innerhalb ihres bereits erörterten Wirkungskreises aus. Der „ordentlichen" Gerichtsbarkeit entzogen waren die Finanzangelegenheiten, die fiskalischen Prozesse, die vor die rationales sacrarum largitionum und rei privatae gehörten, die Militärgerichtsbarkeit, die dem magister militum, zum Teil auch den ihm untergeordneten duces und comites zugewiesen war, und die geistliche Gerichtsbarkeit, die im vierten Jahrhundert sogar auf bürgerliche Rechtssachen erstreckt werden konnte, was allerdings in der Folge wieder beseitigt wurde. In der Provinz stand die Gerichtsbarkeit nach wie vor beim Provinzialstatthalter (iudex ordinarius). Für kleinere Rechtssachen (causae minores) wurde (seit 365) das (anscheinend vor dem Jahre 319) zum Schutze des niederen Volkes gegen Bedrückung und Vergewaltigung durch Vornehme und Mächtige (potentiores) geschaffene Amt des defensor plebis oder civitatis (ἔκδικος, δηφήνσωρ) zuständig erklärt, dessen Kompetenz Justinian auf fünfzig, später auf dreihundert solidi erweiterte. In den Munizipien übten die Niedergerichtsbarkeit die stätischen Gerichtsmagistrate, die nunmehr von den Dekurionen aus ihrer Mitte auf ein Jahr gewählten duumviri (oder magistratus schlechtweg).

Die grundsätzliche Anerkennung eines Instanzenzuges schuf ferner ein Verhältnis der Über- und Unterordnung zwischen den verschiedenen Gerichtsbehörden. Oberste Rechtsmittelinstanz war naturgemäß der Herrscher. Aber auch in dieser Funktion ließ er sich regelmäßig vertreten. Sein Vertreter (sacra vice) als Appellationsrichter war der praefectus praetorio, der wie der Kaiser selbst Rechtssachen in erster Instanz nur außerordentlicherweise, wegen Rechtsverweigerung durch den ordentlichen Richter u. dgl. m., an sich ziehen sollte. Dasselbe galt für seinen Vertreter (vicarius, iudex spectabilis), dem erst Justinian eine nach dem Werte des Streitgegenstandes bestimmte selbständige Kompetenz als Berufungsrichter zuwies. Gegen die (ausnahmsweise) Entscheidung des praefectus praetorio in erster Instanz war, weil er als Vertreter des Kaiser galt, nicht Appellation, sondern nur supplicatio zulässig, die zur nochmaligen Verhandlung der Sache vor dem Präfekten führte.

Dieser Instanzenzug galt für den praefectus urbi (iudex

illustris), der seinerseits als Appellationsrichter (vice sacra) in Rechtssachen der städtischen iudices minores fungiert zu haben scheint, in denen seines Vertreters, des vicarius urbis, des praefectus annonae und des praefectus vigilum. Kraft besonderer Delegation waren ihm zeitweise auch die Berufungen aus Italien, ja selbst aus überseeischen Provinzen zugewiesen.

Demselben Instanzenzug unterlag der Spruch des Provinzialstatthalters. Nur scheint den prokonsularischen Statthaltern, namentlich dem proconsul Africae, schon früh die kaiserliche Appellationsgerichtsbarkeit (vice sacra) für benachbarte Provinzen übertragen worden zu sein, um den Parteien die Reise übers Meer zu ersparen. Überdies ging die Appellation von den Niedergerichten ihrer Provinz, von den duumviri und defensores civitatis, an sie.

Die örtliche und sachliche Zuständigkeit der verschiedenen Gerichte und der Gerichtsstand der Parteien bestimmten sich im großen und ganzen nach den schon bisher geltenden Grundsätzen. Nur erfuhren die besonderen und die privilegierten Gerichtsstände eine starke Vermehrung. Neben dem forum contractus und forum delicti gewann namentlich das forum rei sitae, das bis dahin fast nur für Exekutionshandlungen in Betracht gekommen war, durch eine Verfügung von Theodosius I. (385) die Bedeutung eines allgemeinen dinglichen Gerichtsstandes. Privilegierte Gerichtsstände wurden teils für bestimmte Rechtssachen (res fiscales, Bausachen u. a. m.), teils vor allem für bestimmte Stände und Personen (Senatoren, Soldaten, Geistliche u. a. m.) geschaffen. Überdies war nicht bloß ausdrückliche oder stillschweigende Unterwerfung unter ein an sich unzuständiges Gericht (prorogatio fori), sondern auch Delegation eines anderen als des kraft rechtens berufenen Gerichtes zur Entscheidung möglich. Die Delegation war Sache des Kaisers. Ersuchen um Delegation war gewissermaßen auch die Bitte an den Kaiser, die Sache selbst zu entscheiden, der er willfahren, aber auch durch Anweisung eines anderen Gerichtes zur Entscheidung (Reskriptsprozeß) entsprechen konnte. Der Mißbrauch und die stete Zunahme dieser Bitten veranlaßten schon Konstantin, Delegationen gegenüber Mündeln, Witwen, Kranken und Schwachen grundsätzlich abzulehnen. Marcian gestattete sie überhaupt nur mehr gegenüber potentiores. Auch Justinian schaffte wohl nicht die Reskripte in Zivil- und Kriminalprozessen vollständig ab. Vielmehr handelte es sich ihm nur um das Verbot von Reskripten in schwebenden Zivil- und Strafprozessen.

Was Ort und Zeit des Verfahrens betrifft, so brach man, erst nur für geringfügige Sachen, seit dem fünften Jahrhundert überhaupt mit dem Grundsatze der Öffentlichkeit des Verfahrens. Hinsichtlich der Gerichtszeit trug bereits Konstantin dem Christentum Rechnung, indem er Gerichtsverhandlungen an Sonntagen verbot. Theodosius I. unterwarf dann (389) die Gerichtstage grundsätzlich der christlichen Fest- und Feiertagsordnung. Neuer Regelung bedurfte endlich auch die Prozeßverjährung, da die Norm der lex Iulia mit dem ordo iudiciorum verschwunden war. Darum schrieb Konstantin allgemein für Zivilsachen zwei Jahre, für fiskalische Prozesse ein Jahr vor. Später wurden diese Fristen auf zwei, vier und sechs Monate beschränkt. Justinian setzte für Zivilsachen eine Frist von drei Jahren fest.

Das charakteristische Merkmal des neuen Verfahrens war jedoch der Verzicht auf dessen Scheidung in zwei getrennte Abschnitte in iure und in iudicio, die Ausschaltung des Geschworenen, des iudex in diesem Sinn, aus dem Gange des Verfahrens, die Vereinigung der Recht weisenden und Recht sprechenden Funktion in der Person des beamteten Richters, der Gerichtsbehörde. Zwar kam es auch extra ordinem vor, daß der Magistrat den ganzen Streitfall oder die Untersuchung und Ermittelung einzelner Tatbestandsmomente einem iudex überwies. Aber dieser iudex war, mochte er auch, was namentlich seit dem Verschwinden des ordo iudiciorum ohne Mißverständnis anging, iudex datus genannt werden, doch nur ein „speziell vom Magistrat für eine von ihm vorzunehmende Kognition bestellter Vertreter". Auch die wenigen Stellen, die für den Geschworenen-iudex in der extraordinaria cognitio zu sprechen scheinen, wollen doch wohl nichts anderes sagen, als daß der regelmäßig selbst erkennende Beamte ausnahmsweise zu dem damals noch zulässigen Ordinarverfahren und darum zur Bestellung eines Geschworenen griff. Mit Rücksicht auf seine verschiedene Stellung wurde der als „Gerichtskommissär" bestellte iudex auch regelmäßig technisch iudex pedaneus, delegatus, datus a magistratu, arbiter (χαμαιδικάστης, διαιτητής) genannt.. Wie die Auswahl dieser iudices geschah, läßt sich nicht mit Sicherheit sagen. Geschworenenlisten gab es jedenfalls nicht mehr. Die Ernennung geschah wohl durch den Gerichtsherren. Doch scheint es üblich gewesen zu sein, die Vorschläge der Parteien zu berücksichtigen.

Die gesteigerten Aufgaben des Gerichtsbeamten verliehen auch seinem consilium erhöhte Bedeutung. Schon seit dem dritten Jahrhundert, vielleicht auch schon seit Hadrian nahm es feste und bureaukratische Gestalt an, insofern seine von dem Beamten freigewählten, regelmäßig in der Einzahl auftretenden, rechtskundigen Mitglieder, die nicht bloß als solche, sondern auch als Hilfsorgane ihres Chefs in dessen richterlicher Tätigkeit, doch nicht als Parteianwälte fungierten, die Stellung (von ihm, seit Alexander Severus vom Staate) besoldeter Beamter (adsessores) erhielten und bei allen mit eigener ständiger Gerichtsbarkeit ausgestatteten Behörden auftraten. Ebenso erforderte der wachsende Umfang der Geschäfte bei den einzelnen Ämtern ein entsprechendes

Personal von Kanzleibeamten (officium) und Dienern (apparitores). Andererseits bedurften nun auch die Parteien immer mehr der Hilfe der Rechtsanwälte (advocatus, togatus), die an ein bestimmtes Gericht gebunden, deren Zahl für jedes Gericht bestimmt, und deren Gewerbe konzessioniert war. Sie waren es auch zumeist, die die Parteien zu Prozeßvertretern (cognitor, procurator) bestellten. Das Urkundengeschäft lag dagegen in den Händen der Notare (tabelliones).

Mit dem Geschworenen verschwand naturgemäß auch die Schriftformel des Formularprozesses. Doch war es bis ins vierte Jahrhundert hinein nicht selten, daß auch dem iudex pedaneus der Streitpunkt durch eine formelähnliche Instruktion bekannt gegeben wurde. Nur waren das eben nicht Prozeßformeln im Sinne des klassischen Rechtes. Sie hatten anscheinend weder den Charakter fester Typen von Prozeßprogrammen, noch waren sie (in den uns durch ägyptische Papyri bekannt gewordenen Fassungen) geeignet, als Prozeßprogramm eine an sich genügende Grundlage des Verfahrens vor dem Unterrichter zu bilden. Das schließt nicht aus, daß man im Kognitionsprozesse gelegentlich die alten Schriftformeln für die Prozeßinstruktion an den Unterrichter verwendete. Dagegen wandte sich wohl jene Konstitution Konstantins, der man vielfach die Aufhebung der Schriftformeln zuschreibt. Immerhin scheinen auch diese Prozeßinstruktionen seit dem Jahre 338 verschwunden zu sein. Andererseits trug dieses Fortleben der Schriftformel dazu bei, daß man die zugleich mit dem Formularprozeß ihrer sachlichen Geltung beraubten Unterscheidungen zwischen actiones civiles und honorariae, in ius und in factum, stricti iuris und bonae fidei beibehielt. Nur konnte es jetzt geschehen, daß Justinian z. B. die actio de dote aus einer Stipulation und die dingliche hereditatis petitio zu actiones bonae fidei stempelte. Auf dieselbe Weise erklärt es sich, daß der Kläger nach wie vor vom Gerichte die Zulassung einer bestimmten Klageform erbat, seinen Anspruch durch Hinweis auf das alte ediktale Formelschema spezialisierte (impetratio actionis), und daß der Beklagte die Unterlassung dieses speziellen Ansuchens durch exceptio non impetratae actionis rügte. Eine Übung, der erst Theodosius II. (428) ein Ende machte.

Durch den Untergang der Schriftformel verlor endlich auch die exceptio ihre formelle Existenzberechtigung. Ihre Bedeutung lag nunmehr lediglich in ihrem sachlichen Gehalte. Dadurch ergab sich von selbst die Scheidung in „prozeßhindernde" und „rechtshindernde" Einreden, in solche des Prozeß- und des materiellen Rechtes. Die prozeßhindernden Einreden (der Unzuständigkeit [praescriptio fori], der mangelnden Prozeßfähigkeit, der Rechtshängigkeit, der Rechtskraft usw.) führten zur Beseitigung des gerügten Mangels, sonst zur Entbindung von der Klage. Die materiellen Einreden schlossen als exceptiones dilatoriae die Klage nur zur Zeit aus, veranlaßten daher jetzt nur mehr die zeitige Abweisung der Klage. Die exceptio perpetua bewirkte auch jetzt vollständige Abweisung der Klage. Ein anderer wichtiger Unterschied bestand, anscheinend erst seit Justinian, darin, daß die dilatorische Einrede zu Beginn der Verhandlung geltend gemacht werden mußte, während die peremptorische in jeder Lage des Rechtsstreites, auch noch in der Berufungsinstanz berücksichtigt werden mußte. Andererseits unterschied sich die exceptio formell nicht mehr von den ipso iure wirkenden Verteidigungsmitteln. Darum konnte es geschehen, daß Justinians Kompilation die beiden Verteidigungsformen vielfach durcheinanderwarf.

Die Gerichtssprache mußte schon seit der frühen Kaiserzeit den Bedürfnissen der Provinzialen Rechnung tragen, und namentlich das Griechische in gewissem Umfange zulassen. Die Teilung des Reiches in eine westliche und östliche Hälfte förderte diese Bewegung um einen großen Schritt. Diokletian und Konstantin hatten sogar noch griechische Parteianträge mit lateinischen Reskripten beantwortet. Auch sollten Verordnungen der Magistrate, namentlich richterliche Verfügungen, stets lateinisch erlassen werden. Aber schon ihre nächsten Nachfolger waren nachgiebiger. Die Kaiserkonstitutionen wurden wohl bis in die späteste Zeit fast durchwegs wenigstens auch lateinisch erlassen und der Rechtsunterricht erfolgte, anscheinend sogar in den Rechtsschulen des Ostens, in lateinischer Sprache. Doch gestattete bereits Arcadius den Provinzialbeamten des Ostens allgemein, Urteile in der einen oder anderen Sprache zu fällen. Vollends mußten die Gerichte notgedrungen griechische Eingaben annehmen und den Parteien gestatten, Erklärungen in ihrer Muttersprache abzugeben, wie denn im Verwaltungsorganismus der östlichen Provinzen überhaupt immer mehr die griechische Sprache sich durchsetzte. Allmählich erfolgten in der östlichen Reichshälfte selbst Kaiserreskripte regelmäßig in griechischer Sprache. Nur in der Hauptstadt erhielt sich die lateinische Gerichtssprache bis zu Beginn des sechsten Jahrhunderts.

Im Gegensatze zur grundsätzlichen Mündlichkeit des Formularprozesses nahm im Kognitionsverfahren unter dem Einflusse der schreiblustigen orientalischen Bureaukratie auch die Schriftlichkeit immer mehr überhand. Die Hauptverhandlung blieb zwar noch immer mündlich. Aber wie namentlich die griechischen Papyri zeigen, wurde schon bald nicht bloß die Protokollierung der Verhandlung, sondern auch die Schriftklage üblich.

Mit der Bureaukratisierung des Gerichtsverfahrens zog endlich auch das Sportelwesen in die römischen Gerichte ein. Zunächst verlangten die Kanzlei- und Vollstreckungsbeamten (officiales) von den Parteien auf eigene Faust Vergütung für ihre mannigfaltige Intervention. Konstantin bedrohte dann zwar diese Forderungen oder vielleicht auch nur die Ausbeutung der Parteien durch die Offizialen mit strengen Strafen. Aber die Zerrüttung der Staatsfinanzen ließ diesen Mißbrauch als Ersatz einer staatlichen Gehaltsaufbesserung geradezu unentbehrlich erscheinen. Man wählt daher schließlich im fünften Jahrhundert den anderen Ausweg, daß man diese Gerichtsgebühren (sportulae) tarifierte. Justinian bestimmte solche Gebühren schließlich auch für die iudices pedanei.

Das Verfahren selbst charakterisierte sich gegenüber dem Formularprozesse durch seine Form- und Gestaltlosigkeit und durch die Allgewalt der Gerichtsbehörde, die bis zu einem gewissen Grad an Stelle des Parteibetriebes die Offizialmaxime setzte, die Vorstellung der vertragsmäßigen Unterwerfung der Parteien unter den Schiedsspruch des staatlich autorisierten iudex durch die des staatlichen Rechtsschutzanspruches verdrängte, die Gewährung des Rechtsschutzes als Recht und Pflicht der Staatsverwaltung erscheinen ließ. Mit diesem Wandel der Anschauungen hängt es zusammen, daß beide Parteien und ihre Vertreter in jedem Falle den Gefährdeeid (iusiurandum calumniae) leisten mußten und daß der unterliegende Teil grundsätzlich zum Ersatze der Prozeßkosten an den Sieger verhalten wurde.

Die Einleitung des Verfahrens erfolgte anscheinend zunächst durch evocatio, durch magistratische Ladung, denuntiatione, mündlich, gegenüber dem Ortsanwesenden, litteris, durch Gesuchschreiben an die Ortsbehörde, gegenüber dem auswärts Ansässigen, edictis, durch öffentlichen Aushang, wenn der Geladene unbekannten Aufenthalts war. Sie wurde regelmäßig ohne Androhung von Nachteilen dreimal in Zwischenräumen von je zehn Tagen wiederholt. Die vierte Ladung geschah dagegen mit der Androhung, daß bei Ausbleiben des Geladenen in dessen Abwesenheit verhandelt und entschieden würde (edictum peremptorium). Auch konnte der Magistrat die Zahl der vorausgehenden Ladungen verringern, schon die erste peremptorisch erlassen. Diese amtliche Ladung scheint nicht erst, wie vielfach angenommen wird, von Mark Aurel geschaffen worden zu sein. Vielmehr bezeichnete sie schon ein Reskript Hadrians als üblich, setzte sie vielleicht schon ein Senatsschluß des Jahres 103 voraus.

Andererseits war private Terminansage (litis denuntiatio), wenn auch wohl ohne Rechtsfolge, vermutlich schon im Ordinarprozeß zulässig und gebräuchlich. An diese private Übung knüpfte anscheinend der Gerichtsgebrauch etwa seit der zweiten Hälfte des dritten Jahrhunderts an, indem er die Norm ausbildete, daß der Beklagte verlangen könne, längere Zeit vor der ersten Verhandlung von dem Anspruche des Klägers in Kenntnis gesetzt zu werden, und daß diese Mitteilung als Ladung zur gerichtlichen Verhandlung zu gelten habe.

Dieses Institut der außergerichtlichen Ladung (litis denuntiatio) erhob dann Konstantin zur regelmäßigen und, soweit nicht besonders begründete Ausnahmen normiert waren, notwendigen Prozeßeinleitungsform. Diese litis denuntiatio war, analog der seinerzeitigen editio actionis, außergerichtliche Mitteilung des Streitgegenstandes (und im Reskriptsprozeß des Reskriptes, das anfänglich regelmäßig als Marginalverfügung an die Partei auf der Eingabe selbst, später meist als selbständiger Erlaß an den Beamten auftrat, doch stets der Partei zur Zustellung an den Beamten überlassen wurde,) an den Beklagten, ehedem unter Aufnahme einer Zeugenurkunde, seit Konstantin unter Mitwirkung einer zur Aufnahme von Akten befugten Behörde, später ausschließlich unter Mitwirkung des Prozeßgerichtes, wahrscheinlich mit der Wirkung, daß die Parteien nach Ablauf einer Frist von regelmäßig vier Monaten vor Gericht erscheinen sollten. Nur gewisse Ansprüche (klare Geldschulden aus Urkunden, Fideikommisse, Interdikte usw.) waren von den Fristen der Litisdenuntiation befreit.

Im Codex Theodosianus noch geltendes Recht ist die Litisdenuntiation anscheinend im Codex Iustinianus verschwunden. Nach justinianischem Rechte geschah die Einleitung des Prozesses angeblich durch Anbringung der Klage (libellus conventionis) bei Gericht (Libellprozeß), das sie dem Beklagten zugleich mit der Ladung für einen bestimmten Termin zustellte. Schon diese Ladung hatte nunmehr die Wirkung, daß sie die Verjährung unterbrach, den Anspruch vererblich machte. Der Beklagte mußte den Empfang bestätigen, eine von ihm unterzeichnete Gegenerklärung (libellus contradictionis) überreichen und Sicherheit leisten für sein Erscheinen am bestimmten Termin und für die Übernahme des Prozesses. Jüngst entdeckte Urkunden zeigen jedoch, daß die Zustellung auch noch im justinianischen Reskriptsprozeß durch ein vom Kläger bestelltes Organ (exsecutor) geschah. Aber auch im Libellprozeß erfolgte sie durch einen vom Kläger bezahlten exsecutor. Es ist daher wohl mehr als wahrscheinlich, daß auch dieser Exekutor Organ des Klägers, die Ladung auch im Libellprozeß wie von altersher Privatladung, nur schriftliche Ladung mit Genehmigung des Gerichtes war.

Prozeßvertretung war nach wie vor zulässig. Bloß verschwand in Justinians, nicht schon in Theodosius' Kodex der Gegensatz zwischen cognitor und procurator. In gewisser Hinsicht bestand sogar „Anwaltszwang" schon für die Erhebung der Klage, für die Ladung, wenn es richtig ist, daß der dazu erforderliche exsecutor, womit jedenfalls nicht eine bestimmte Personen- oder Beamtenklasse, sondern nur eine Funktion bezeichnet war, mit der die klagende oder Vollstreckung suchende Partei eine Amtsperson, meist die Offizialen der großen Reichsbeamten betraute, Organ der Partei war.

Verweigerte der Beklagte die Mitwirkung am Prozesse, nachdem er Sicherstellung geleistet hatte (contumax), so konnte sich der Kläger an diese halten. Nur konnte der Bürge eine Frist zur Stellung des Beklagten begehren oder an dessen Stelle den Prozeß übernehmen. Auch konnte das Gericht den Beklagten auf Begehren des Klägers zwangsweise vorführen lassen. Hatte sich der Beklagte schon der Ladung entzogen (si fraudationis causa latitat), so wurde nach dreimaliger fruchtloser Ladung das Verfahren einseitig gegen ihn durchgeführt. Doch wurde er nicht unbedingt verurteilt, sondern verlor bloß seine Verteidigungsmöglichkeit. Das Gericht fällte seine Erkenntnis eben auf Grund des einseitigen Vorbringens und Beweises der anwesenden Partei. Die dingliche Klage führte in solchem Falle überdies nur zur missio in possessionem rei servandae causa, die erst nach Ablauf eines Jahres den Verkauf und auch nach Ablauf dieser Frist dem Beklagten gestattete, nunmehr seinerseits als Kläger aufzutreten. Ob der Beklagte auch bei der persönlichen Klage die Möglichkeit hatte, innerhalb bestimmter Frist die unterlassene defensio wieder aufzunehmen, ist zweifelhaft. Ließ endlich der Beklagte erst nach der Litiskontestation seine Verteidigung fallen, so konnte der Kläger den Prozeß jedenfalls einseitig zu Ende führen (eremodicium), das ebenfalls je nach der richterlichen Überzeugung Abweisung der Klage oder Verurteilung des Beklagten war. Erschien der Kläger nicht in dem durch evocatio bestimmten Termin, so ruhte das Verfahren, auch wenn der Beklagte erschienen war, und der Kläger konnte das Verfahren wieder aufnehmen. Versäumte der Kläger den Termin der Litisdenuntiation, so wurde er nach dem Rechte des Theodosianischen Kodex sachfällig, konnte aber Reparation, reparatio temporum, Erteilung einer zweiten Frist erwirken. Schon Valentinian III. knüpfte an das Ausbleiben des Klägers nur mehr die Wirkung, daß der Beklagte von der Klage entbunden wurde. Justinian ließ dann bei Versäumnis des Klägers nach der Litiskontestation das Verfahren seinen Lauf bis zum Urteile nehmen, schließlich sogar den Kläger unbedingt sachfällig werden. Jedenfalls bürdete contumacia dem Säumigen die Kosten des ganzen Prozesses auf und beraubte ihn des Appellationsrechtes.

Erschienen beide Parteien zum bestimmten Termin, so mußte zunächst der Kläger seine Klage, der Beklagte seinen Widerspruch begründen. Durch diese Rede und Gegenrede (per narrationem propositam et contradictionem obiectam, cum iudex per narrationem negotii causam audire coeperit) wurde die Streitbefestigung (litis contestatio) hergestellt. Der Vorgang enspracḥ dem actionem edere und accipere des Formularprozesses. Darum trat dieser Erfolg nicht ein, wenn der Widerspruch des Beklagten einer Verweigerung der Einlassung auf den Prozeß gleichkam, wenn er zunächst prozeßhindernde Einreden vorbrachte oder wenn er umgekehrt den Anspruch anerkannte (confessio certi). In jenem Falle kam es nicht zum Prozeß, in diesem sofort zur Zwangsvollstreckung. Im Reskriptsprozesse waren die Wirkungen der Litiskontestation anscheinend bereits an die Erteilung des Reskriptes geknüpft.

Die Litiskontestation fixierte den Streitgegenstand. Das brachte auch der unmittelbar daran anschließende, erst von Justinian mit der Wirkung der Litiskontestation selbst ausgestattete Gefährdeeid zum Ausdrucke, dessen Verweigerung Abweisung des Klägers, Sachfälligkeit des Beklagten zur Folge hatte. Das schloß grundsätzlich auch jede nachträgliche

Klageänderung aus. Doch durfte ein Mißgriff hinsichtlich des Klagegrundes oder Klagegegenstandes auch später noch berichtigt werden. Die Gefahren der minus und plus petitio wurden dagegen erst durch Zeno und Justinian beseitigt. Die Strafe des Prozeßverlustes dafür erscheint noch beim „westgotischen" Paulus und in der consultatio als geltendes Recht. Nur scheint schon wegen der Kompetenzabgrenzung der defensores und wegen der Sporteln eine taxatio nach Analogie der klassischen condemnatio cum taxatione üblich gewesen zu sein. Zeno bestimmte dann anscheinend, daß die zu niedrig gegriffene taxatio dem Anspruche des Klägers nicht präjudizieren, den Richter nicht hindern sollte, auf den vollen nachweisbaren Anspruch zu verurteilen. Die plus petitio tempore regelte er in der Weise, daß die Klage nur derzeit abgewiesen, die Wiederanstellung aber erst nach Ablauf der doppelten Zeit, um die sie zu früh geschehen war, zulässig sein sollte. Justinian ergänzte dann diese Verfügung dahin, daß auch die plus petitio re den Kläger nicht mehr sachfällig machen, sondern bloß zum dreifachen Ersatze der höheren Sporteln verpflichten sollte, die der Beklagte infolgedessen hatte zahlen müssen.

Davon (und von der Aufhebung der gesamtzerstörenden Wirkung für die Korrealschuld durch Justinian) abgesehen hatte zwar die Litiskontestation nach wie vor konsumierende Wirkung. Allein sie wurde, wenn der Prozeß mit Urteil erledigt wurde, auf dieses bezogen, wenn es nicht zu einem Urteil kam, nun mit dem iudicium selbst beseitigt, insofern sie (wenigstens nach justinianischem Rechte) bloß die Wirkung hatte, daß die einmal angestellte Klage erst in vierzig Jahren verjährte.

Endlich hatte die Litiskontestation zwar auch noch novatorische Wirkung. Ebenso bestand die Möglichkeit der Übertragung des Anspruches durch Bestellung eines procurator in rem suam. Aber die praktische Bedeutung dieser Novation war gering, da das Urteil nicht auf den Geldwert im Augenblicke der Litiskontestation, sondern auf die Sache selbst abgestellt war, und die Übertragung des Anspruches konnte schon vor der Litiskontestation vollwirksam geschehen.

Die wesentlichste Bedeutung der Litiskontestation bestand daher jetzt darin, daß sie den Anspruch aktiv und passiv vererblich machte, dilatorischen Einreden präkludierte und seit Justinian den Beginn einer dreijährigen Frist für die Prozeßverjährung bezeichnete.

Nach der Litiskontestation verwies das Gericht die Sache an einen iudex pedaneus. Es konnte aber auch die Durchführung des Prozesses selbst in der Hand behalten oder auch nur die Materialsammlung oder eine einzelne Beweisaufnahme oder auch die Entscheidung bestimmter, besonders bezeichneter Fragen einem Kommissar übertragen. In jedem Falle war ebenso die Entscheidung darüber, über Inhalt und Umfang der Prozeßdelegation, wie über den weiteren Gang des Verfahrens dem Ermessen des Gerichtes anheimgegeben. Auch im Reskriptsprozesse war das nicht anders, sofern nicht im Reskript etwas Besonderes vorgeschrieben war. Nur mußte das Gericht hier stets den Einwand der Erschleichung (subreptio, obreptio) des Reskriptes (praescriptio mendaciorum) prüfen.

Im übrigen unterschied sich das weitere Verfahren nicht grundsätzlich von dem seinerzeitigen Verfahren in iudicio. Nur eine gewisse Hinneigung der Gesetzgebung zum Prinzipe der formalen Beweistheorie im Gegensatze zu der freien Beweiswürdigung des ordentlichen Prozesses läßt sich vielleicht nicht gänzlich in Abrede stellen. Der Zeugenbeweis sollte bloß unter Eid zugelassen werden. Das Zeugnis eines honestior sollte als zuverlässiger gelten als das eines der (Bestechung verdächtigen) humilior. Schon Konstantin bestimmte, daß ein einzelnes Zeugnis niemals für sich allein beweisen dürfe: testis unus, testis nullus. Justinian erklärte, daß einem Schuldscheine gegenüber die teilweise oder gänzliche Tilgung der Schuld nur durch das eidliche Zeugnis von fünf einwandfreien Augenzeugen sollte bewiesen werden können. Besonderes Gewicht erlangte der Urkundenbeweis. Öffentliche, vor einer staatlichen Behörde errichtete Urkunden machten ewigen und unwiderleglichen Beweis. Notariatsurkunden machten vollen Beweis, wenn der Aussteller ihre Echtheit beschwor. Privaturkunden waren regelmäßig beweisend nur als Zeugenurkunden, wenn sie vor Zeugen errichtet und mit deren und des Ausstellers Unterschrift versehen waren.

Die Beweisführung konnte das Gericht durch geeignete Fragestellung in die rechten Wege leiten. Diese Fragestellung konnte wie die interrogatio in iure des Formularprozesses dazu führen, daß einer Partei ein Eid zugeschoben wurde. Die Leistung, Ablehnung oder Zurückschiebung solcher Eide war nur jetzt in jeder Lage des Rechtsstreites möglich, ihre Wirkung dieselbe wie ehedem.

War die Sache spruchreif geworden, so kam es zum Urteil. Justinian ließ überdies auch Teil- und Zwischenurteile zu. Das Urteil lautete nicht mehr notwendig auf Geld, sondern auf die Sache selbst. Die actio arbitraria bot nur noch den Vorteil, daß sie dem Kläger das iusiurandum in iure gestattete. Das Urteil konnte nun überdies in jedem Falle nicht bloß der Klage stattgeben oder sie abweisen, sondern entsprechend der Einrede oder Widerklage des Beklagten auch den Kläger treffen. Andererseits mußte es die Klage nicht unbedingt, sondern konnte sie auch bloß zurzeit abweisen.

Gegen das Urteil, doch regelmäßig nur gegen das Endurteil war jetzt, den Fall des Versäumnisurteils ausgenommen, stets Berufung (appellatio) zulässig. Von den Berufungsinstanzen war bereits die Rede. Ursprünglich konnte vom Appellationsurteil unbeschränkt weiter appelliert werden, falls es nicht von unappellablen Richtern erlassen war. Doch schon Valentinian II. verfügte, daß die Appellation gegen zwei gleichlautende Urteile Übertragung des Besitzes an den Gegner nicht hindern sollte. Justinian hob die dritte Appellation überhaupt auf.

Die Berufung mußte sofort mündlich oder binnen einer bestimmten Frist (zwei oder drei dies utiles, nach einer Novelle Justinians zehn dies continui) schriftlich beim Erstrichter eingebracht werden. Sie hatte aufschiebende Wirkung. Der Erstrichter mußte die Einlegung der Appellation und deren Entlassung aus seinem Gerichte bescheinigen. Diese litterae dimissoriae (apostoli) mußte der Appellant binnen fünf Tagen erwirken. Diokletian verpflichtete den Richter, sie auch ohne Antrag (sofort, Justinian: binnen dreißig Tagen) zu erteilen. Die Vorlage an das Berufungsgericht war Sache der Partei, die Frist dafür zu verschiedenen Zeiten und für die verschiedenen Instanzen verschieden. Die Partei mußte die Berufung begründen (causas appellationis reddere), durfte aber auch neue Tatsachen und Beweise vorbringen (ius novorum). Der Gegner konnte nicht bloß seinen Widerspruch, sondern auch eigene Beschwerden gegen das Urteil vorbringen. Das Verfahren war jedoch nicht notwendig kontradiktorisch. Das Berufungsurteil erklärte die Appellation für iusta oder iniusta, indem es in der Sache selbst erkannte oder die Berufung abwies. Die Verwerfung der Berufung zog Strafe nach sich, deren besondere Härte (Verbannung, Vermögenskonfiskation, Zwangsarbeit) Justinian erheblich milderte.

Besonderes galt seit Konstantin für die Appellation an den Kaiser. Sie war nur in wichtigen Rechtssachen (nach

Justinian nur in Zivilsachen um wenigstens zehn Pfund (Goldes) zulässig. Die Appellationsverhandlung fand in diesem Falle vor dem Erstrichter statt, der darüber an den Kaiser zu berichten hatte. Der Bericht (consultatio) wurde zunächst den Parteien mitgeteilt, die sich dazu äußern konnten (libelli refutatorii, doch ohne ius novorum). Das Ganze wurde samt allen Prozeßakten dem Kaiser (binnen zwanzig, später binnen dreißig Tagen seit der Urteilsfällung) vorgelegt, der durch Reskript entschied. Theodosius II. traf die Änderung, daß er alle Appellationen von iudices spectabiles an eine aus dem praefectus praetorio Orientis und dem quaestor sacri palatii bestehende Kommission verwies, für die die Grundsätze des gemeinen Berufungsverfahrens galten. Seitdem bestand die „kaiserliche" Appellation nur mehr für die iudices illustres. Das war im wesentlichen auch noch der Standpunkt des justinianischen Rechtes.

Das rechtskräftige Urteil war vollstreckbar. Eingeleitet wurde die Exekution anscheinend auch im Kognitionsverfahren durch actio (pro? iudicati). Nur war diese actio iudicati des Kognitionsprozesses von der des Formularprozesses ebenso verschieden wie jede actio des Verfahrens extra ordinem von der parallelen actio des Formularverfahrens. Jedenfalls gab es keine Formel für diesen Vollstreckungsanspruch. Die actio iudicati der extraordinaria cognitio war eine actio der Kognition. Doch konnte Zwangsvollstreckung erst zwei, seit Justinian erst vier Monate nach der Urteilsschöpfung begehrt werden. Die Form der Zwangsvollstreckung war verschieden je nach dem Gegenstande des Urteils und nach der Lage des Schuldners.

Vor allem war jetzt, wenn das Urteil die Leistung einer bestimmten Sache, deren Vorweisung oder Ausfolgung zum Gegenstande hatte, „Naturalexekution" in der Weise möglich, daß die Sache durch das Vollstreckungsorgan (officiales) des Gerichtes den Verurteilten abgenommen und dem Kläger vorgezeigt oder ausgefolgt wurde. Lautete das Urteil auf Geld, so bildete nun die „Spezialexekution" in der Form der pignoris capio, des pignus ex causa iudicati captum die Regel, zwangsweise Beschlagnahme einzelner oder mehrerer Vermögensstücke des Schuldners zugunsten des Gläubigers durch den Vollstreckungsbeamten, an die sich nach zwei Monaten die gerichtliche Versteigerung und in Ermangelung von Bietern Zuschlag an den Gläubiger und zwar mit unbedingt tilgender Wirkung schloß, mochte der Wert der Forderung damit gedeckt sein oder nicht. Das Verfahren erfolgte auf Antrag (actio iudicati) des Gläubigers, der den Exekutionstitel nachweisen mußte, und wohl erst nach Gehör des Schuldners, über dessen Widerspruch in einem neuen (Kognitions-) Prozeß entschieden wurde.

Universalexekution durch distractio bonorum war abgesehen von dem bereits erörterten Fall des reus contumax nur mehr die Form des Konkursverfahrens. Die Eröffnung des Konkurses erfolgte entweder auf Antrag mehrerer Gläubiger, die auf Grund ihrer vollstreckbaren Forderungen Einweisung in das Vermögen des säumigen oder flüchtigen Schuldners (missio in possessionem) begehrten, oder durch Erklärung des Schuldners, daß er sein Vermögen den Gläubigern — nicht bloß einem Gläubiger — abtrete (cessio bonorum). Die missio in possessionem, die allen Gläubigern zugute kam, falls sie ihre Forderungen innerhalb von zwei (inter praesentes) oder vier Jahren (inter absentes) anmeldeten, bedeutete zunächst nur Verwaltung des Vermögens durch einen auf Antrag der Gläubigermehrheit vom Gericht bestellten Kurator. Nach Ablauf von vier Jahren mußte der Kurator zur Versteigerung der Konkursmasse schreiten, die nun auch stückweise an den Meistbietenden erfolgte (distractio) und zur Verteilung des Erlöses unter die Gläubiger führte.

Dasselbe Verfahren schloß an die cessio bonorum an, deren Mißbrauch Gratian (379) eindämmte, indem er bestimmte, daß sie nur mehr einen durch Unglücksfälle zahlungsunfähig gewordenen Schuldner von der Schuldhaft befreien sollte. Übrigens ist es schon wegen der wiederholten Bezeichnung dieser Befugnis als beneficium nicht wahrscheinlich, daß sie etwa von Haus aus jedem, auch dem leichtsinnigen und böswilligen Schuldner zugestanden habe. Im übrigen waren Voraussetzungen und Wirkungen des Konkurses und der Vermögensabtretung dieselben wie ehedem. Nur geschah die cessio, ehedem an Formen, namentlich an die Erklärung vor Gericht gebunden, mindestens seit Theodosius I. formlos, durch außergerichtliche Erklärung gegenüber den Gläubigern. Auch war sie längst über den ursprünglichen engen Kreis der stadtrömischen Bürger hinaus erstreckt.

Neben der Realexekution behauptete sich nach wie vor die Personalexekution namentlich in der östlichen Reichshälfte, wo sie auch dem Hellenismus von jeher geläufig war und blieb. Nur sollte die Schuldhaft seit einer Verfügung Theodosius I. in einem öffentlichen Gefängnisse vollstreckt werden. Seit dem vierten Jahrhundert — den Ausgangspunkt bildete ein Edikt Valentinians, Theodosius' und Arcadius' (388) — verwarf zwar die Kaisergesetzgebung die Personalexekution grundsätzlich. Faktisch erhielt sie sich aber wenigstens in einzelnen Reichsteilen bis in die justinianische Zeit.

Mit dem Verschwinden des ordo iudiciorum verlor naturgemäß auch die „imperiale" Rechtshilfe durch Sponsionen, Interdikte und Restitutionen den Charakter des Besonderen. Von prätorischen Stipulationen war denn auch seit der Entkleidung des Prätors von der Gerichtsbarkeit keine Rede mehr. Auch von den Interdikten behauptet Justinian, daß sie mit der Verdrängung des Formularprozesses durch die extraordinaria cognitio verschwunden seien. Allein tatsächlich wurden noch im fünften Jahrhundert Interdikte gewährt und auch nach Beseitigung des besonderen Interdiktverfahrens trug man den Bedürfnissen des Interdiktschutzes durch Raschheit des Verfahrens Rechnung. Es wurde von den Fristen der litis denuntiatio befreit und noch Justinian verpflichtete die Richter zu schleuniger Erledigung des Interdiktprozesses. Ebenso nahm die Wiedereinsetzung immer mehr den Charakter des gewöhnlichen Verfahrens an. Nur war sie den Behörden mit selbständiger Gerichtsbarkeit und den vice sacra iudicantes vorbehalten. Sie war überdies unzulässig nach Verjährung des Anspruches, dem Deszendenten gegen Aszendenten, dem Freigelassenen gegen den Patron versagt, wegen Abwesenheit nur mehr zugunsten von Soldaten gestattet. Die Frist wurde wiederholt abgeändert, schließlich mit vier anni continui bestimmt.

Zweite Hälfte.

Das Privatrecht.

Erstes Kapitel: Die Rechtssubjekte.

Die größere Hälfte der Konstitutionen des justinianischen Kodex stammt aus der Zeit vor Konstantin. Die Hauptmasse entfällt auf die Severe und vor allem auf Diokletian (und Maximian). Mag nun zwar namentlich der große Bestand von diokletianischen Erlassen zum guten Teil durch die Entstehungsart des Kodex bedingt sein, so liegt die Erklärung dafür doch zumindest ebensosehr in der unleugbaren Tatsache, daß die Gesetzgebung gerade unter diesen Herrschern großen Aufgaben gegenübergestellt war. Die Severe versuchten es noch einmal, die losen Glieder des Reiches zu einem festen Ringe zusammenzuschmieden und dem geeinten Ganzen durch die energische Betonung des Reichsrechtes gegenüber dem Volksrecht auch den nötigen juristischen und kulturellen Halt zu geben. Diokletian erkannte dagegen bereits klaren Blickes das Übergewicht der östlichen über die westliche Reichshälfte, die Notwendigkeit, das Schwergewicht des Reiches nach Osten zu verschieben. Wie er daher dem orientalischen Geist in seiner Verfassungs- und Verwaltungsreform zum Siege verhalf, so leitete er auch auf dem Gebiete des Privatrechts den Amalgamierungsprozeß zwischen Reichs- und Volksrecht, die Orientalisierung des römischen Rechtes in die Wege, die Justinians Kompilation zum Abschlusse brachte. Je deutlicher man zu sehen beginnt, desto mehr steigt daher auch die Bewunderung für die vielfach und lang unterschätzte Leistung Justinians, deren Hauptwert als

Gesetzgebungswerk eben in dieser Anpassung des römischen Rechtsstoffes an die Bedürfnisse und Anschauungen der orientalischen Welt gelegen ist. Sicherlich wäre darum „eine zusammenfassende Betrachtung des justinianischen Rechtes als selbständiger Erkenntnisgegenstand" „ein dringendes Bedürfnis". Sie kann und soll hier freilich nicht versucht werden. Aber wie dieses justinianische Recht nicht mit einem Schlage geworden, sondern aus einem allmählichen Verschmelzungsprozesse hervorgegangen, durch die Rechtsbildung etwa seit Diokletian Schritt für Schritt vorbereitet worden ist, so mag eine skizzenhafte Darstellung der Rechtsentwicklung seit Diokletian bis auf Justinian zugleich einen schwachen Abglanz des schließlichen justinianischen Rechtssystems gewähren.

Die constitutio Antonina hatte den Unterschied zwischen Bürgern und Fremden nicht völlig aufgehoben. Die Deditizier blieben nach wie vor vom Bürgerrecht ausgeschlossen. Ihre Zahl war überdies, wenn alle Kopfsteuerpflichtigen darunter zu verstehen sind, nicht gering. Aber Justinian setzt auch bei ihnen bereits das Bürgerrecht voraus. Mögen sie es nun infolge eines langsamen Prozesses der Verschmelzung oder kraft bestimmter gesetzlicher Änderungen erlangt haben, was sich vorerst nicht entscheiden läßt, jedenfalls hatte der Gegensatz zwischen cives und peregrini in dieser Zeit auf dem Gebiete des Privatrechtes ausgespielt. Es gab nur mehr eine Klasse von Rechtssubjekten, die Bürger, nur mehr ein Recht, das Reichsrecht. Dieses einheitliche Recht aber nahm immer mehr und mehr die unzerstörbaren Elemente des den Neubürgern angestammten Volksrechtes in sich auf. Einen zweiten wesentlichen Umbildungsfaktor schuf namentlich für das Personen- und Familienrecht die Anerkennung des Christentums als Staatsreligion. Endlich drangen in dieser Zeit teilweise auch orientalische Anschauungen in das Reichsrecht ein.

Um mit der Ehe zu beginnen, so unterlag vor allem die Ehefähigkeit dem Wandel der Anschauungen. Mit der Lockerung der Familienbande, vor allem der Hausgemeinschaft, ging eine entsprechende Verengerung des Kreises der eheunfähigen Verwandten Hand in Hand. Gefördert wurde diese Entwicklung durch die von jeher endogamische Auffassung des griechischen Ostens. Schon das Recht der ausgehenden Republik hatte daher die Ehe zwischen Geschwisterkindern gestattet. Ein Senatsschluß vom Jahre 49 (p. Ch. n.) erlaubte (dem Kaiser Claudius und zugleich allgemein) die Ehe mit der Bruderstochter, während man an dem Verbote der Ehe mit der Schwestertochter festhielt und noch christliche Kaiser dieses Verbot erneuerten und auf Geschwisterkinder ausdehnten. Aber während das konstantinische Verbot der Ehe zwischen Onkel und Nichte noch von Zeno wiederholt und in den justinianischen Kodex übernommen wurde, hoben schon Arcadius und Honorius das Verbot der Ehe zwischen Geschwisterkindern für den Osten, Justinian endlich für das ganze Reich wieder auf. Justinian beseitigte auch zugleich mit den augusteischen Ehegesetzen das Ehehindernis der mangelnden Ebenbürtigkeit in seinen verschiedenen Spielarten (zwischen Senatoren und Freigelassenen usw.). Dagegen schuf das Christentum das neue Ehehindernis der Religionsverschiedenheit.

Das Verlöbnis blieb zunächst formlos und ohne Rechtszwang: sufficit nudus consensus ad constituenda sponsalia. Daß trotzdem vielfach schriftliche Abmachungen üblich waren, lehrt eine Bemerkung des Paulus, die zugleich zeigt, daß ihnen das Reichsrecht keine Bedeutung beimaß: in sponsalibus nihil interest, utrum testatio interponatur an aliquis sine scriptura spondeat. Ebenso war zwar die Sitte des Verlobungsringes auch im römischen Rechtsverkehre von jeher üblich und verbreitet, aber, mag sie auch als Rest des alten Brautkaufs anzusehen sein, jeder Rechtswirkung bar. Allmählich errangen sich jedoch vielleicht weniger griechische als echt orientalische Eigenheiten Anerkennung. Das gilt nicht so sehr vom Brautkusse (osculum interveniens), dem Konstantin die Wirkung beilegte, daß er der Verlobten den Anspruch auf die Hälfte der Brautgeschenke (largitates sponsaliciae) sichern sollte, falls die Ehe durch den Tod des Bräutigams vereitelt würde. Denn diese alsbald von Valentinian, Valens und Gratian wiederaufgehobene Bestimmung war doch wohl von der altrömischen Auffassung getragen, die in solcher Gabe ein pretium pudicitiae erblickte. Orientalischer Herkunft war dagegen anscheinend die Verknüpfung des Verlöbnisses mit einer arrha, die arrha sponsalicia.

Sie begegnet, wenn man von einer ganz vereinzelten, doch wohl interpolierten Paulusstelle absieht, in den römischen Quellen erst seit den christlichen Kaisern und fast ausschließlich in oströmischen Gesetzen. Wie wenig sie dem Geiste des römischen Rechtes gemäß war, beweist der im Vergleiche dazu um so auffallendere Umstand, daß das Reichsrecht — anders das spätere byzantinische Recht — die analoge Konventionalstrafe als mit der Freiheit der Eheschließung unvereinbar auch für das Verlöbnis grundsätzlich und unerschütterlich ablehnte. Die arrha erscheint hier wie sonst als Bestärkungsmittel des Verlöbnisvertrages, das ihm beigefügt werden kann, nicht muß, mit der Wirkung, daß sie zugunsten der Frau verfiel, wenn die Ehe ohne ihr Verschulden nicht zustande kam, von ihr im doppelten Betrage zurückerstattet werden mußte, wenn sie die Eingehung der Ehe verweigerte. Die Ermäßigung auf das duplum — ursprünglich war es das quadruplum — und verschiedene andere Modifikationen geschahen vielleicht erst durch Justinian. In gewissem Widerspruche zu diesem Standpunkte befindet sich jedoch das syrisch-römische Rechtsbuch, das in der Hingabe der arrha geradezu die Verlobung selbst erblickt und demnach in Übereinstimmung mit der altorientalischen Rechtsanschauung das Verlöbnis als Formalvertrag behandelt, für den die Hingabe der arrha als Sachhaftung für den Brautpreis, später als ihn vertretende Scheinleistung wesentlich war. Dieselbe Auffassung begegnet noch in späteren byzantinischen Rechtsquellen. Das Reichsrecht widerstrebte ihr jedoch dauernd. Insofern bildet die arrha sponsalicia ein klassisches Beispiel dafür, wie das

Reichsrecht mit Erfolg bemüht war, volksrechtliche Einrichtungen mit seinem Geiste zu erfüllen und derart umgestaltet der Allgemeinheit nutzbar zu machen.

Die Eheschließung blieb auch jetzt grundsätzlich von jedem Formzwang befreit. Noch Theodosius und Valentinian betonten, vielleicht in bewußtem Gegensatze zum γάμος ἔγγραφος des griechischen Volksrechtes, die Vollwirksamkeit der formlos geschlossenen Ehe. Selbst Justinian verlangte die Errichtung eines instrumentum dotale als Formerfordernis nur, wo ein bereits bestehendes eheähnliches Verhältnis in eine wirkliche Ehe umgewandelt werden sollte. Erst das Recht der Novellen schrieb für die illustres schriftlichen Ehevertrag oder Erklärung des Konsenses vor dem defensor ecclesiae vor.

Erst das Christentum nahm auch Stellung zum Konkubinate. Während der ganzen klassischen Rechtsperiode war er privatrechtlich wirkungslos. Das Christentum, um die Hebung der geschlechtlichen Sittlichkeit besorgt, mißbilligte einerseits den Konkubinat. Andererseits verlangte der Geist der christlichen Liebe eine Verbesserung der Lage der Konkubinenkinder. Diese entgegengesetzten Strömungen spiegeln sich in der eigentümlichen Entwicklung des Institutes während dieser Zeit wieder.

Zunächst versuchte man den Konkubinat durch Strafdrohungen zu bekämpfen, die in erster Linie die Konkubinenkinder, die wohl von jeher, aber doch erst von Theodosius und Valentinian technisch so genannten liberi naturales trafen. Alle Zuwendungen inter vivos oder mortis causa des Vaters an die Konkubine oder an die liberi naturales waren nach Konstantin ungültig. Auch suchte man die Umwandlung des Konkubinates in eine rechte Ehe durch Belohnungen, namentlich durch Gestattung der legitimatio per subsequens matrimonium zu fördern. Schließlich rang sich, nachdem man die einen und die anderen Versuche als fruchtlos aufgegeben hatte, als einziger Erfolg die Erkenntnis durch, daß man die Sünden der Eltern nicht an den Kindern strafen dürfe. Bereits Valentinian, Valens und Gratian gestatteten wieder Zuwendungen an die Konkubine oder an deren Kinder, eines Zwölftels des Vermögens neben legitimer Deszendenz oder Aszendenten, eines Viertels in Ermangelung solcher. Spätere Kaiser hoben diese Vergünstigung zwar vorübergehend auf. Das Staatsinteresse ließ jedoch Theodosius und Valentinian alsbald wieder gestatten, die liberi naturales in Zusammenhang mit ihrer oblatio curiae sogar in solidum heredes scribere. Eine weitere Verbesserung bedeutete dann die allgemeine Normierung der legitimatio per subsequens matrimonium. Justinian endlich dehnte die Kapazität der Konkubine und ihrer Kinder in Ermangelung legitimer Nachkommenschaft auf das halbe Vermögen des Vaters aus und gewährte ihnen in diesem Falle sogar ein gesetzliches Erbrecht an einem Sechstel des Vermögens, neben gesetzlicher Nachkommenschaft einen Alimentationsanspruch und das Anrecht auf ein Zwölftel des Nachlasses. Überdies begünstigte er die Legitimation. Der Konkubinat als solcher wurde niemals verboten. Er blieb eine erlaubte Geschlechtsverbindung, wenn er nur monogam und dauerhaft war.

Selbst das Christentum vermochte ferner zwar nicht den Grundsatz der Lösbarkeit der Ehe zu beseitigen. Doch gestatteten die christlichen Kaiser die Scheidung wenigstens nur mehr in erschöpfend bestimmten Fällen. Schon ein Edikt Konstantins zählte solche Scheidungsgründe auf und bedrohte die ungerechtfertigte Scheidung beim Manne mit der Unfähigkeit zur Wiederverehelichung, bei der Frau mit Deportation. Theodosius und Valentinian hoben zwar dieses Edikt auf, ersetzten es aber bald durch ein neues, das eine viel eingehendere Aufzählung der Delikte und Verstöße gegen den Ehegenossen gab, die ihm das Recht zur Scheidung gewähren sollten, und das die Strafen für die ungerechtfertigte Scheidung milderte, indem es den Mann bloß der lucra nuptialia verlustig erklärte, der Frau eine zeitliche Beschränkung ihrer Fähigkeit zur Wiederverehelichung auferlegte. Dieses Edikt fand noch in den codex Iustinianus Aufnahme, der ihm zugleich einige neue Scheidungsgründe anreihte. Erst in den Novellen ordnete Justinian das Scheidungsrecht neu, indem er namentlich die bis dahin unberührt gebliebene einverständliche Scheidung aufhob, zur Scheidung die Zustimmung der Aszendenten verlangte, die die dos oder donatio propter nuptias beigestellt hatten, und die Scheidungsstrafen verschärfte. Die einverständliche Scheidung wurde allerdings schon von Justinus II. wieder eingeführt.

Christlichen Einflüssen ist endlich wohl zum Teil der Wechsel der Anschauungen über die Wiederverehelichung zuzuschreiben.

Die „univira" genoß zwar schon nach altrömischer Auffassung den Vorzug vor der wiederverehelichten Witwe. Aber nicht bloß standen der Wiederverehelichung des Mannes niemals solche Bedenken gegenüber, sondern die augusteische Ehegesetzgebung war geradezu bestrebt, die Wiederverehelichung zu fördern. Erst der strenge, gewissermaßen über das Grab hinausreichende monogamische Standpunkt des Christentums ließ die Wiederverehelichung sowohl der Frau als auch des Mannes in ungünstigem Licht erscheinen. Für die Gesetzgebung aber waren vermutlich vorwiegend wirtschaftliche Erwägungen, die finanziellen Gefahren für die Nachkommenschaft entscheidend. Darum setzten Theodosius und Valentinian ihre poenae secundarum nuptiarum gleichermaßen für den Witwer und für die Witwe fest. Sie bestanden im Verluste des Eigentums am lucrum nuptiale, am „Ehegewinn", an allem, was der Überlebende aus dem Vermögen des früheren Ehegatten in seiner Eigenschaft als Ehegatte erworben hatte, zugunsten der Kinder erster Ehe, in seiner Beschränkung auf den Nießbrauch daran, in der Einengung seines Verfügungsrechtes zugunsten des zweiten Ehegatten, dem er aus seinem Vermögen nicht mehr zuwenden durfte als dem mindestbedachten Kind erster Ehe, und in einer Reihe anderer Nachteile.

Das eheliche Güterrecht des Reichsrechtes hielt grundsätzlich am Dotalsystem mit Eigentum des Mannes an der dos während der Ehe fest. Eine Konstitution Justinians hat allerdings den Zweifel angeregt, ob die dos zu seiner Zeit nicht etwa nur mehr secundum legum subtilitatem als Eigentum des Mannes, ex naturali iure als solches der Frau angesehen wurde, zumal sie der Frau gestattete, die Rückgabe der vorhandenen Dotalgüter auch mit der Vindikation zu begehren. Allein dem widerspricht, daß noch eine jüngere

Konstitution die Veräußerung von Dotalgut dem Manne sogar mit Zustimmung der Frau verbot, was nur einen Sinn hatte, wenn er als Eigentümer sonst dazu befugt wäre. Die dingliche Klage war der Frau daher an jener Stelle wohl nur als actio utilis in Rechtsnachfolge des Mannes zugestanden. Immerhin näherte die allmählich Regel gewordene Verpflichtung des Mannes zur Rückstellung der dos nach Auflösung der Ehe auch hier das Reichsrecht immer mehr dem Volksrecht an. Hatte schon die lex Iulia (de fundo dotali) dem Manne die unbeschränkte Verfügung über Dotalgrundstücke entzogen, so war die Rechtsordnung nunmehr darauf bedacht, die Rückstellungspflicht des Mannes überhaupt mit den erforderlichen Garantien zu umgeben. Denn das vielleicht ediktale privilegium exigendi, das der Frau von alters her gegenüber der Konkursmasse des Mannes ein Vorrecht vor dessen chirographischen Gläubigern gewährte, reichte dazu nicht aus. Darum soll schon eine lex Cornelia Sullas die Sicherstellung des Heiratsgutes durch Bürgen erwähnt haben und sie scheint durch lokales Gewohnheitsrecht sogar in einzelnen Reichsteilen obligatorisch geworden zu sein, bis sie Gratian, Valentinian und Theodosius verboten. Vor allem wurde aber die Sicherung der dos durch Bestellung eines Pfandrechtes üblich. Das war alter griechischer Brauch, der im gräko-ägyptischen Recht überdies regelmäßig mit Exekutivklausel oder Protopraxie (privilegium exigendi) vor allen übrigen Gläubigern verbunden war. Die auch schon vermutete gesetzliche Generalhypothek für die dos nach ägyptischem Landrecht scheint dagegen durch den derzeitigen Quellenstand nicht erweisbar zu sein. Immerhin mag das allmähliche Eindringen dieser griechisch orientalischen Vorbilder in den römischen Rechtskreis die Entwicklung des Reichsrechtes auch in dieser Richtung beeinflußt haben. Zum Abschlusse brachte sie endlich Justinian, indem er den Rückstellungsanspruch mit einem gesetzlichen Generalpfandrecht der Frau am Vermögen des Mannes ausstattete und dem Rückforderungsanspruche, der nur mehr bei Scheidung aus Verschulden der Frau entfiel, für alle Fälle die Gestalt der vererblichen actio ex stipulatu verlieh, die der Vorteile der actio rei uxoriae teilhaftig sein sollte und deshalb actio bonae fidei genannt wurde. Sie verpflichtete den Mann zur Rückgabe der Grundstücke sofort, zu jener der Fahrnisse nach einem Jahre. Zugleich räumte Justinian dem Manne dasselbe Pfandrecht am Vermögen des Dosbestellers zur Sicherung seiner Dotalforderung ein. Ein Jahr darauf verlieh er dem Pfandrechte der Frau überdies privilegierte Kraft und dehnte es auf die Eheschenkung aus.

Die Bestellung der Dos erfolgte noch im dritten und vierten Jahrhundert in den bisher üblichen Formen. Erst Theodosius und Valentinian erklärten (428), anscheinend griechischen Gewohnheiten Rechnung tragend, auch die formlose Vereinbarung, das pactum dotale für verbindlich, etiamsi dictio vel stipulatio in pollicitatione rerum dotalium minime fuerit consecuta, doch ohne deshalb die formellen Bestellungsarten zu beseitigen.

Die promissio dotis scheint sich vielmehr vermöge des internationalen und nur allzusehr verbreiteten Brauches der Stipulationsklausel unentwegt behauptet zu haben. Die dictio dotis wird dagegen zwar von der Gajusepitome des westgotischen Gesetzbuches noch als lebendiges Rechtsinstitut behandelt, ist jedoch im justinianischen Quellenkreise verschwunden, ohne daß ihrer Aufhebung ausdrücklich gedacht wäre. Auch dies daher anscheinend eine Frucht des Sieges des orientalischen Geistes im Reichsrecht. Das von Haus aus volksrechtliche pactum dotale wurde Reichsrecht, die ehedem reichsrechtliche dictio vermöge ihres spezifisch römischen Charakters, der sich in ihrer Mündlichkeit, in dem obligatorischen Gebrauche bestimmter Formeln und vielleicht der lateinischen Sprache äußerte, allmählich zu einem absterbenden Institute des „italischen Volksrechtes". Mag sein, daß sich Justinian darauf beschränken konnte, diesen Sieg lediglich durch Ausmerzung der dictio aus der Literatur zu konstatieren.

Möglich auch, daß erst er der auch noch zu seiner Zeit bei den „Urrömern" des Ostens obwaltenden Übung ein Ende setzte. Den Zwang zur Dotierung dehnte schon eine Konstitution Diokletians und Maximians, allerdings nur ex magna et probabili vel lege specialiter expressa causa, auch auf die Mutter aus.

Orientalischer Herkunft war endlich auch die donatio ante oder, wie sie Justinian nannte, propter nuptias. Die Sitte, daß der Bräutigam der Braut Geschenke machte, war natürlich von jeher ebenso im Westen wie im Osten verbreitet. Nur war die Sitte im Westen, bei den europäischen Griechen und bei den romanischen Völkerschaften weniger zwingend und der Übereinkunft der Parteien ein weiterer Spielraum gelassen, im Orient dagegen die Brautschenkung ein wesentlicher und stereotyper, von bestimmten Regeln beherrschter Bestandteil des Ehevertrages. Hier war sie an die Schriftform gebunden, machte sie nach feststehender Sitte mindestens die Hälfte der Mitgift aus und war sie regelmäßig in die Form gekleidet, daß die Frau sie dem Mann als dos zurückbrachte. Verschieden war auch ihr Zweck im Westen und Osten, dort reine Liebesgabe, Hochzeitsgeschenk, pretium pudicitiae, hier in erster Linie Versorgung der Witwe und Scheidungsstrafe für den Mann, weshalb auch ihre Wirkung grundsätzlich bis zur Auflösung der Ehe hinausgeschoben, der Frau während der Ehe kein freies Verfügungsrecht darüber eingeräumt war.

Aus der Verschmelzung dieser verschiedenen Tendenzen gewannen Kaiserkonstitutionen das Reichsrecht der donatio ante (propter) nuptias.

Konstantin faßte sie als arrha sponsalica, indem er verfügte, daß sie der Braut verfallen sollte, wenn der Bräutigam, daß die Braut sie zurückstellen sollte, wenn sie das Verlöbnis breche. Valentinian, Valens und Gratian ließen dagegen die largitates sponsaliciae mangels Zustandekommens der Ehe in jedem Fall an den Schenker zurückfallen. Dem damit anerkannten Zusammenhange zwischen Schenkung und Ehe trug die Gesetzgebung weiterhin Rechnung, indem sie diese donationes immer mehr der dos parallel zu stellen bestrebt war, ebenso hinsichtlich der Behandlung der beiderseitigen lucra (ex dote et ex sponsalicia largitate), wie für den Fall der Wiederverheiratung und beim Vorhandensein von Kindern überhaupt. Während daher Theodosius II. noch deutlich den Charakter der donatio als Witwenversorgung und Scheidungsstrafe betonte, überwog in der Folge immer mehr der Gedanke, daß die donatio ein Gegenstück zu der dos bilde und wie sie in erster Linie als Familienvermögen den Kindern erhalten bleiben solle. Darum ließ Kaiser Leo der überlebenden Frau nur mehr die Hälfte der donatio zufallen, wie die donatio für die Frau, so die dos für den Mann wegen ungerechtfertigter Scheidung gänzlich verfallen. Diese Entwicklung brachte Justinian zum Abschluß, indem er gestattete, daß die donatio, wie die dos von der gerichtlichen Insinuation befreit, auch während der Ehe bestellt oder vermehrt werden könne, daß sie ein gesetzliches Pfandrecht am Vermögen des Mannes genießen und bei dessen Tod, vorbehaltlich des Nießbrauches der Frau, den Kindern auch dann zufallen solle, wenn die Frau nicht zu einer zweiten Ehe schreite, und indem er schließlich gar für dos und donatio stets absolut gleiche Höhe verlangte.

Ein wesentliches Erfordernis der gültigen Ehe war ehedem die Zustimmung des Gewalthabers. In dem Wandel, der sich allmählich in dieser Hinsicht vollzog, spiegelt sich vielleicht die fortschreitende Auflösung des altrömischen Familienbegriffes, der Verfall der römischen patria potestas am deutlichsten wieder.

Kam es seinerzeit einmal auf den Konsens des Gewalthabers allein an, so verlangte das klassische Recht doch jedenfalls die Zustimmung des Gewalthabers, auf Seite des Mannes überdies die dessen, der ihn in der Folge in seine Gewalt bekommen könnte, also nicht bloß die des Großvaters, sondern auch die des selbst noch gewaltunterworfenen Vaters zum Konsens der beiden Ehegatten, die der Mutter nicht so sehr von Rechts wegen als vielmehr aus Pietätsrücksichten. Schon eine lex Iulia hatte jedoch (nur der Tochter?) ein Beschwerderecht gegen die Verweigerung dieser Zustimmung zur Ehe gewährt. Nunmehr wurde dieses Zustimmungsrecht immer mehr vom Standpunkte der Pietät der Kinder für die Eltern und der Fürsorge der Eltern für die Kinder betrachtet. Charakteristisch dafür ist, daß Valentinian, Valens und Gratian die Zustimmung des

Vaters auch zur Wiederverehelichung der emanzipierten, aber noch nicht großjährigen Tochter verlangten, und daß Honorius und Theodosius zur Verehelichung der vaterlosen minderjährigen Tochter die Zustimmung der Mutter und der übrigen nächsten Verwandten forderten. War der Vater kriegsgefangen, abwesend oder wahnsinnig, ließ man — im letzten Fall erst Justinian — die Eheschließung auch ohne seine Zustimmung zu.

Andererseits lebte die Vorstellung der unumschränkten Gewalt noch vielfach im römischen Rechtsbewußtsein fort. Noch Konstantin mußte die Tötung des Kindes durch den Vater als parricidium erklären und sich gegen die Aussetzung der Kinder kehren. Er tat das in der Weise, daß er den also handelnden Vater seiner patria potestas verlustig erklärte und ihm damit das Recht entzog, das Kind dem Ziehvater (nutritor) wieder abzunehmen, der es seinerseits auch als Sklaven halten konnte. Eine an sich grausam erscheinende Maßregel, die jedoch eine mächtige Triebfeder für die Rettung und Aufziehung ausgesetzter Kinder bildete.

Ebenso suchte Konstantin dem Kinderhandel den Boden zu entziehen, indem er mittellosen Vätern zur Erhaltung ihrer Kinder Unterstützungen aus dem Staatsschatz und aus seiner res privata zuführte. Andererseits bestimmte er, daß der Käufer eines Kindes zwar Eigentum daran erwerben sollte, doch kein frei veräußerliches und übertragbares Recht. Veräußern durfte er es nur in Vollzug eines seinen Gläubigern gewährten Pfandrechtes. Außerdem sollte er verpflichtet sein, es dem Vater wieder zurückzugeben, wenn er ihm den Preis ersetzte oder einen gleichwertigen Sklaven dafür stellte. Dagegen kehrten Valentinian, Theodosius und Arcadius wieder zu dem früheren Standpunkt zurück, daß der Verkauf des Kindes seiner Freiheit keinen Eintrag tun und daß der Vater berechtigt sein sollte, es ohne Ersatz zurückzufordern, nachdem es den Kaufpreis durch entsprechende Arbeitsleistung abgearbeitet habe. Daran änderte Valentinian III. nur so viel, daß er dem Käufer Anspruch auf Ersatz eines Teiles des Kaufpreises (pretium sub quintae adiectione) gewährte. Diesen Standpunkt teilte auch Justinian. Nur räumte er das Recht, auf diese Weise das Kind der Freiheit wiederzuschenken, jedem Dritten ein.

Die Lockerung des Familienverbandes machte sich naturgemäß auch in vermögensrechtlicher Hinsicht geltend. Namentlich die Ausbildung eines dem Militärberufe gleichgestellten ausgebreiteten Beamtenstandes seit Diokletian verlieh dem Haussohne, der als Beamter tätig war, eine verwandte Stellung wie dem als Soldaten dienenden. Auf dem Gebiete des Vermögensrechtes machte sich dieser Umschwung in der Gleichstellung des sogenannten peculium ut (veluti, seit Justinian quasi) castrense mit dem kastrensischen Pekulium geltend. Über das, was ein Haussohn als palatinus, später auch als advocatus oder adsessor, dann auch als scriniarius und exceptor, endlich auch als ecclesiasticus erworben oder von seiner Familie dafür erhalten oder seit Justinian vom Herrscher auch nur aus Freigebigkeit empfangen hatte, konnte er nun inter vivos und mortis causa ebenso verfügen wie der Soldat über sein peculium castrense. Nur das Privileg der Formfreiheit und der Entbindung von den Normen des Zivilrechtes für seine Rechtsgeschäfte blieb dem Soldatenstande vorbehalten.

Ungefähr um dieselbe Zeit fand der Gedanke, die vermögensrechtliche Abhängigkeit des Hauskindes auf das Vatergut zu beschränken, in der Ausscheidung der bona adventicia aus der väterlichen Verfügungsgewalt Ausdruck. Zunächst sollte, was die Mutter oder mütterliche Verwandte dem Kinde durch Freigebigkeit bei Lebzeiten oder von Todeswegen zugewendet hatten (bona materna, materni generis), dem Kinde gehören, dem Vater nur mehr ein Verwaltungs- und Nießbrauchsrecht gewähren, so daß es beim Tode des Kindes nicht einfach iure peculii an den Vater zurückfiel, sondern einen Gegenstand der Erbfolge bildete, ohne daß freilich dem Hauskinde das Recht zustand, letztwillig darüber zu verfügen. Die längst vorhandenen Tendenzen nach dieser Richtung kleideten Konstantin, dann Gratian, Valentinian und Theodosius und schließlich Arcadius und Honorius in die entsprechende Rechtsform. Allmählich erweiterte sich dann der Kreis der derart dem väterlichen Erwerb entzogenen Vermögenschaften auf die lucra nuptialia und sponsalicia und umfaßte schließlich allen nicht vom Vater (ex re oder auch nur contemplatione patris) herrührenden, nicht ohnedies kastrensischen oder quasikastrensischen Erwerb unter dem (justinianischen) Begriffe des peculium adventicium. In gewissen Fällen räumte Justinian dem Hauskinde sogar Verwaltungs- und Nießbrauchsrecht ein, nämlich wenn das Kind den Erwerb gegen den Willen des Vaters (recusante patre) gemacht oder wenn der Zuwendende den Vater ausdrücklich davon ausgeschlossen hatte. Das nannte man später ein peculium adventicium irregulare.

Die zunehmende Bedeutung der natürlichen, der Blutsverwandtschaft, der Kognation auf Kosten der zivilen, durch das Gewaltverhältnis bedingten Agnation steigerte sich zwar auch jetzt noch nicht bis zur Anerkennung eines außerehelichen Verwandtschaftsverhältnisses zwischen Vater und Kind. Aber die Rechtsordnung räumte doch einerseits die Möglichkeit ein, durch nachträgliche Legalisierung (legitimatio) eine solche Beziehung zu schaffen. Andererseits lehnte sie die Auflösung des (natürlichen) Verwandtschaftsverhältnisses durch die Kunstformen der Adoption und Emanzipation immer entschiedener ab.

Den althergebrachten Standpunkt, daß nicht einmal die Konkubinenkinder durch Umwandlung des Konkubinates in eine zivilgültige Ehe die Stellung ehelicher Kinder erlangten, verließ erst Konstantin. Nach Analogie der erroris probatio gestattete er den im Konkubinate Lebenden, durch Umwandlung des Konkubinates in eine rechte Ehe den im Augenblicke dieses Erlasses bereits geborenen Kindern die Stellung ehelicher Kinder zu verschaffen. Dasselbe verfügte auch

Zeno. Doch handelte es sich in beiden Fällen anscheinend bloß um vorübergehende Maßregeln zugunsten der bestehenden Konkubinate. Eine allgemeine Norm schuf erst Anastasius. Er bestimmte, daß im Konkubinat erzeugte Kinder zu ehelichen gemacht werden können, wenn die Eltern den Konkubinat durch Errichtung eines instrumentum dotale in eine rechte Ehe verwandeln, sofern der Ehe schon zur Zeit der Empfängnis kein Hindernis im Wege stand. Damit war die legitimatio per subsequens matrimonium, allerdings anscheinend nur zugunsten der liberi naturales, nicht auch der spurii und vulgo concepti, zum Rechtsinstitut erhoben. Justinus hob die Einrichtung zwar wieder auf. Justinian setzte sie jedoch alsbald wieder in Kraft.

Eine zweite Form der Legitimation schufen Theodosius II. und Valentinian im fiskalischen Interesse, indem sie dem Vater eines natürlichen Kindes die Möglichkeit gewährten, es dadurch zu legitimieren, daß er einen solchen Sohn zum decurio bestimmte, eine solche Tochter mit einem decurio vermählte und zugleich das erforderliche Vermögen widmete. Das war die auch letztwillig mögliche legitimatio per oblationem curiae. Justinian gestattete sie selbst dann, wenn der Vater legitime Kinder hatte. Von der durch nachfolgende Ehe unterschied sie sich dadurch, daß sie ein verwandtschaftliches Verhältnis bloß zwischen Vater und Kind, nicht auch zwischen der väterlichen Verwandtschaft und dem Kinde begründete und daß sie — seit Justinian — durch die Zustimmung des Kindes bedingt war. Diese Zustimmung verlangte Justinian auch für die dritte von ihm geschaffene Legitimationsform, für die auf Ansuchen (preces) des Vaters gewährte legitimatio per rescriptum principis, die die durch nachfolgende Ehe ersetzen sollte, wenn die Eheschließung unmöglich, wenn die Konkubine gestorben oder verdorben oder nicht heiratsfähig war, und die der legitimatio per subsequens matrimonium namentlich in der Wirkung auf die verwandtschaftlichen Beziehungen gleichstand.

Umgekehrt wurde der Adoption mehr und mehr die Kraft entzogen, die angeborenen Beziehungen des Kindes zu seiner Blutsverwandtschaft durch die zu seiner Adoptivfamilie zu ersetzen. Schon das klassische Recht zeigte, vielleicht unter volksrechtlichen Einflüssen, die Tendenz, dem Adoptivkinde seine Rechte gegenüber seiner Ursprungsfamilie zu wahren und die Wirkung der Adoption auf den Erwerb gewisser Rechte, namentlich von Erbansprüchen gegenüber dem Adoptivvater zu beschränken. Noch deutlicher trat diese Neigung in der sogenannten adoptio in solatium liberorum amissorum zutage, durch die Diokletian und Maximian einer Frau die Adoption ermöglichten. Sie ließ naturgemäß die angestammte patria potestas unberührt und schuf lediglich zwischen Adoptivkind und Adoptivmutter eine dem natürlichen Kindesverhältnis entsprechende Lage, die namentlich dem Adoptivkind ein Erbrecht gegenüber der Adoptivmutter sicherte. Zu voller Entwicklung brachte diesen Gedanken dann Justinian, indem er der adoptio plena eine minus plena gegenüberstellte. Adoptio plena trat nur dann ein, wenn der Adoptierende ein Aszendent des Adoptivkindes war oder wenn der zu Adoptierende von einem in Adoption gegeben wurde, zu dem er nicht im Verhältnisse des heres suus stand, also etwa der Enkel vom Großvater bei Lebzeiten seines Vaters, mit anderen Worten nur, wenn sein Ausscheiden aus der Familie keinen vermögensrechtlichen Nachteil für ihn bedeutete. Bloß diese adoptio plena sollte die Wirkungen der alten Adoption haben. Jede andere (minus plena) sollte dagegen die Stellung des Kindes zu seiner angeborenen Familie ebenso unberührt lassen wie der volksrechtliche „Zieh- und Erbvertrag". Überhaupt verboten wurde durch Justinian die Adoption von Konkubinenkindern durch den Vater.

der dadurch die Legitimation umgangen hätte, sowie die von Fremden und Sklaven.

Dieser abgeschwächten Wirkung der Adoption entsprach auch eine wesentliche Vereinfachung ihrer Form. Sie erschöpfte sich schon in der provinzialen Praxis der vorjustinianischen Zeit in einer formlosen protokollarischen Vereinbarung zwischen Adoptivvater und natürlichem Vater unter Zustimmung des Kindes vor der Behörde. Das ließ Justinian schließlich auch für das Reichsrecht gelten. Für die Arrogation ersetzte bereits Diokletian den Volksschluß durch ein rescriptum principis, womit zugleich die Arrogation von Frauen und in der der Provinz ermöglicht ward. Die von Unmündigen hatte schon Pius gestattet.

Ähnlich war die Entwicklung der Emanzipation. Die stete Erstarkung der vermögensrechtlichen Stellung des Hauskindes und die Verständnislosigkeit des Orients für die römische patria potestas ließen die Emanzipation schon längst nicht mehr als das einschneidende Ereignis erscheinen, das sie einmal gewesen war. Dieser Wandel der Verhältnisse äußerte sich zunächst in einem Verzicht auf die komplizierte Form des Aktes. Schon Anastasius ersetzte sie durch ein auf Ansuchen (supplicatio) des Vaters mit Zustimmung des Sohnes erteiltes rescriptum principis. Justinian begnügte sich, an eine schon im syrisch-römischen Rechtsbuche bezeugte Sitte doch wohl griechischer Herkunft anknüpfend, mit der protokollarischen (apud acta) Erklärung des Vaters vor der Behörde.

Die Wirkungen der Emanzipation reduzierten sich auf ein Minimum, schon seitdem dem Emanzipierten die erbrechtliche Gleichstellung mit den sui gewährt war, und noch mehr, seitdem schon der suus Herr seines Vermögens mit Ausnahme des Vatergutes war. Vollends bedeutungslos erschien sie für das Privatrecht, nachdem sich der Grundsatz durchgesetzt hatte, daß das peculium profecticium dem Emanzipierten verbleiben sollte, wenn es ihm bei der Emanzipation nicht ausdrücklich entzogen wurde, und nachdem Anastasius verfügt hatte, daß auch dem Emanzipierten die legitima iura gegenüber seiner Familie gewahrt werden können. Nun galt es eher umgekehrt, den Vater gegen den Verlust seiner Rechte am Kindesvermögen zu schützen. Dafür hatte schon Konstantin durch die Bestimmung gesorgt, daß der Vater ein Drittel der bona adventicia als praemium emancipationis zurückbehalten dürfe. Justinian machte daraus ein Fruchtgenußrecht an der Hälfte. Gewährte demnach die Emanzipation fast nur mehr Vorteile für den Emanzipierten, so erschien es angemessen, ihm diese Vorteile wieder zu entziehen, wenn er sich ihrer unwürdig erwies. Darum gestattete ebenfalls schon Konstantin den Widerruf der Emanzipation wegen Undankes.

Die völlige Umgestaltung der Familienverhältnisse ließ endlich auch die capitis deminutio minima so gut wie unpraktisch werden. Wenigstens bedeutete sie kaum mehr eine Verschiebung der Vermögensverhältnisse. Da schon der Gewaltunterworfene eigenes Vermögen besitzen konnte, so war ihr Erfolg nun lediglich der, daß sich eigenes Vermögen in entsprechendes peculium verwandelte, wenn eine Person sui iuris in ein Gewaltverhältnis trat, daß die verschiedenen Pekulien freies Vermögen wurden, wenn ein Gewaltunterworfener sui iuris wurde. Justinian bestimmte überdies, daß eine capitis deminutio minima auch Fruchtgenußrechte nicht mehr erlöschen lassen, einen Gesellschaftsvertrag nicht mehr aufheben sollte.

Das Los der Sklaven war schon längst vor Ausbreitung des Christentums durch die Lehren der Stoa erheblich gemildert worden. In der Folge trug das Christentum das Seinige dazu bei, ihre Lage stetig zu verbessern. In diesem Geiste mochte Konstantin die Aussetzung des neugeborenen Sklaven mit dem Verluste des Eigentums bestrafen und die gewaltsame Trennung verheirateter Sklaven verbieten. Vor allem wirkten aber in dieser Richtung die wirtschaftlichen Verhältnisse, die Verringerung der Sklavenzahl und die dadurch bedingte Werterhöhung des einzelnen infolge der Abnahme der Kriege und des dadurch veranlaßten Versiegens der Hauptquelle der Sklaverei, der Kriegsgefangenschaft. Als Ersatz dafür lag die Verknechtung der eigenen Stammesgenossen nahe, und in der Tat entwickelte sich, wie bereits bemerkt, vielfach ein ausgebreiteter Kinderhandel, dem das Reichsrecht jedoch mit Energie entgegentrat. Eine zweite Möglichkeit ergab sich in dem strafweisen Freiheitsverluste wegen unerlaubten Umganges mit Sklaven. Dieser Freiheitsverlust trat jedoch (wie schon nach dem S. C. Claudianum) auch in den Provinzen nur für Frauen ein. Das griechische Recht scheint überdies an das contubernium mit Sklaven die Sklaverei wenigstens der Kinder geknüpft zu haben, ohne daß es erst eines Verbotes (denuntiatio) des Herrn bedurfte, und die Schwankungen der christlichen Kaisergesetzgebung lassen zumindest der Vermutung Raum, daß man „provinziell die freie Frau, die einen Sklaven ehelichte, in die Sklaverei verfällt habe". Justinian hob dann das S. C. Claudianum und die Sklaverei der in metallum Verurteilten auf.

Eine eigentümliche Neuerung dieser Zeit bedeutete auch die dem Digestenrecht noch fremde, von Konstantin eingeführte Privatstrafe gegen den Hehler eines flüchtigen Sklaven. Bis dahin kannte das römische Recht eine Privatstrafe nur für die als furtum qualifizierte Hehlerei, für die Aufnahme flüchtiger Sklaven, sonst nur eine durch einen Senatsbeschluß und durch Kaiserkonstitutionen normierte öffentliche Strafe. Die Verfügung Konstantins wurzelte offenbar im griechischen Rechte, das jeden wie immer gearteten Angriff auf den Besitz eines Sklaven, jede Bergung fremder Sklaven mit Geldstrafen bedrohte.

Auf griechische Einflüsse ist wohl auch die von Konstantin in das Reichsrecht eingeführte manumissio in ecclesia, in sacrosanctis ecclesiis zurückzuführen, als christianisierte Form des Hierodulismus, der in den Gebieten griechischen Rechtes weitverbreiteten Sitte, den Sklaven durch fiktiven Verkauf an eine Gottheit freizulassen. Sie bestand in der protokollarischen Freilassungserklärung des Patrons in der Kirche, vor den kirchlichen Organen. Sie fiel auf um so fruchtbareren Boden, als sich der Anwendung der altrömischen Freilassungsformen bei den Neubürgern mancherlei Schwierigkeiten entgegenstellten.

Die manumissio testamento, für die nach griechischer wie römischer Sitte einfache letztwillige Erklärung genügte, bot zwar keine Schwierigkeit. Dagegen scheint die manumissio vindicta — die censu war längst unpraktisch geworden — nicht so sehr wegen ihrer Form, die schon lange zu einer einfachen Erklärung zusammengeschrumpft war, als vielmehr wegen der Notwendigkeit, den praeses provinciae oder einen mit dieser legis actio besonders betrauten Beamten aufzusuchen, in den Provinzen niemals festen Fuß gefaßt zu haben. Die übrigen „formlosen" Freilassungen aber vermochten dem Freigelassenen nicht das Bürgerrecht zu verschaffen.

Allerdings scheint der noch zu Konstantins Zeit betonte Gegensatz zwischen „besserer" und „schlechterer" Freiheit in der Folge immer mehr verblaßt zu sein. Von den Deditiziern sagt Justinian ausdrücklich: Dediticiorum quidem pessima condicio iam ex multis temporibus in desuetudinem abiit. Auch von den Latinern (Latini Iuniani) bemerkt er: Latinorum vero nomen non frequentabatur. Das erklärt sich entweder so, daß die vollwirksame manumissio in ecclesia allmählich die übrigen Freilassungsformen verdrängte, vielleicht aber auch so, daß man, altheimischen Anschauungen Rechnung tragend, mit der Zeit auch den „formlosen" Freilassungen Vollwirksamkeit beimaß. Jedenfalls gab Justinian schließlich dieser Auffassung gesetzlichen Ausdruck, indem er mit jeder, auch mit der „prätorischen" Freilassung das römische Bürgerrecht verband. Er setzte zugleich die Normen der lex Aelia Sentia und der lex Fufia Caninia außer Kraft und verbot lediglich Freilassungen in fraudem creditorum. Auch verlieh er schließlich allen Freigelassenen das ius aureorum anulorum sowie die restitutio natalium (unbeschadet der nur durch Verzicht des Patrons aufhebbaren Patronatsrechte) und stellte sie dadurch den Freigeborenen grundsätzlich gleich.

Eine Neugruppierung der Gesellschaft bewirkte zum Teil die Anerkennung des Christentums als Staatsreligion. Sie machte die Andersgläubigen, Heiden, Juden und Häretiker, in gewissem Sinne zu Bürgern zweiter Klasse, indem man ihnen die Zeugnis- und Erbfähigkeit nahm, Ehen zwischen ihnen (namentlich Juden) und Christen untersagte, den Angehörigen mancher besonders verfolgter Sekten sogar die Geschäftsfähigkeit unter Lebenden und von Todes wegen überhaupt aberkannte, anderen, den Apostaten, zwar das Verfügungsrecht von Todes wegen entzog, aber das inter vivos gewissermaßen als Ansporn zur Rückkehr in den Schoß der Kirche beließ. Hand in Hand damit ging die Erteilung gewisser Privilegien an die Vertreter des geistlichen Standes, die Befreiung der presbyteri von den munera personalia, die Gewährung des privilegium fori erst an die Bischöfe, dann an die Geistlichkeit überhaupt, zuerst nur in Straf-, schließlich auch in Zivilsachen, endlich die Anerkennung völliger Vermögensfreiheit für „geistliche" Haussöhne durch Justinian, andererseits die Festlegung ihrer Eheunfähigkeit.

Ein Zugeständnis an die christliche Kirche war auch die Anerkennung von Stiftungen als selbständige Rechtssubjekte durch die Kaisergesetzgebung seit dem fünften Jahrhundert. Das klassische Recht kannte weder Namen noch Begriff der Stiftung. Ersatz bot die fiduziarische Zuwendung an eine Korporation unter einer Auflage. Nun wurden Vermögenswidmungen durch Schenkung oder letztwillige Verfügung zugunsten von Armen, Kranken, Gefangenen, Waisen, Greisen, aber nur solche piae causae, womit doch wohl nicht bloß der fromme Zweck, das Motiv der Liberalität, sondern auch das fromme Werk selbst, die Stiftung bezeichnet wurde, nur solche fromme Stiftungen als eigene Rechtssubjekte mit eigenem Vermögen, gewissermaßen als eine Art Kirchengut anerkannt und der kraft allgemeinen Rechtssatzes anerkannten Vermögensfähigkeit der kirchlichen Anstalten teilhaftig, ohne daß eine besondere Verleihung der juristischen Persönlichkeit notwendig war. Sie wurden dem Kirchenregiment, der kirchlichen Verwaltung durch den Bischof oder durch ihm unterstellte Organe unterworfen, aber eben doch mit selbständiger Verwaltung, mit Vermögensfähigkeit u. a. m. ausgestattet, vielleicht nicht so sehr als Zweckvermögen, sondern vielmehr als Vermögen der Gesamtheit derer, zu deren Gunsten die Zuwendung bestimmt war, der Armen, Kranken usw.

Die Fürsorge für die mangelnde Geschäftsfähigkeit in Gestalt der Tutel oder Kuratel nahm immer mehr den Charakter eines munus an.

Die Geschlechtsvormundschaft freilich war schon seit der lex Claudia ein absterbendes Institut geworden und daher dieser Entwicklung ferngeblieben. Nur das zähe Festhalten des griechischen Volksrechtes an dieser Einrichtung ließ ihr noch einmal eine Art Wiedergeburt im Reichsrecht zuteil werden. Konstantin setzte die minderjährige Frau unter Vormundschaft ihres Ehemanns und stellte anscheinend auch die Agnatentutel in ihrem ursprünglichen Zustande wieder her. Doch waren seine Verfügungen nicht von Bestand. Schon Kaiser Julian hob die gesetzliche Vormundschaft des Mannes auf, und nicht lange darauf verschwand die Geschlechtsvormundschaft überhaupt. Vielleicht erst infolge der Verleihung des ius liberorum an alle Frauen des Reiches durch Theodosius und Honorius (410). Vielleicht setzt aber auch schon die von Valentinian, Theodosius und Arcadius gestattete Zulassung der Mutter zur Vormundschaft über ihre Kinder ihr Verschwinden voraus. Jedenfalls fehlt es schon etwa seit Mitte des vierten Jahrhunderts an einem Beweise für ihre Existenz. Das justinianische Recht kannte nur mehr die gesetzliche Vormundschaft über die unmündige Frau.

Die Berufung zur Altersvormundschaft erfolgte im großen und ganzen nach den altgewohnten Normen. Neu war die dank griechischen Einflüssen durchgesetzte Zulassung der Mutter (und Großmutter) zur Vormundschaft, die zuerst in einer Konstitution der Kaiser Valentinian, Theodosius und Arcadius ausgesprochen wurde, falls ein tauglicher tutor legitimus fehlte, sie selbst bereits großjährig war und gerichtlich zu Protokoll erklärte, nicht wieder heiraten zu wollen. Tat sie es doch, so stand dem Kind ein gesetzliches Pfandrecht am Vermögen des zweiten Mannes zu. Valentinian und Theodosius bestraften überdies die Mutter, die contra sacramentum praestitutum nach Übernahme der

Vormundschaft eine zweite Ehe geschlossen hatte, mit dem Verlust ihres Erbrechtes gegenüber dem impubes. Justinian verlangte erst von der Mutter den Eid, überhaupt nicht zu heiraten, und überdies Verzicht auf das S. C. Velleianum und Gewährung einer Generalhypothek an ihrem Vermögen zugunsten des Kindes. Schließlich ersetzte er aber den Eid durch ein einfaches Versprechen, dessen Bruch Verlust der Vormundschaft zur Folge haben sollte, und ließ den Verzicht auf das S. C. Velleianum und die Generalhypothek in jedem Falle gelten. Auch ersetzte er die Agnaten- durch die Kognatentutel.

Den Interessen des Mündels suchte Konstantin im Geiste der oratio Severi weiter gerecht zu werden, indem er dem Vormund überhaupt Veräußerung von Mündelgut ohne ernsthaften Grund und ohne Genehmigung der Behörde untersagte. Ausgenommen waren nur dem Verderben ausgesetzte bewegliche Sachen. Arcadius und Honorius modifizierten diese Bestimmung derart, daß an Stelle des beweglichen und des nicht genügend ertragsfähigen unbeweglichen Mündelgutes Landbesitz erworben oder der Erlös anderswie fruchtbringend angelegt werden sollte. Wertsachen sollten an einem sicheren Ort verwahrt und von dem Vormund unter Mitwirkung der Behörde inventarisiert werden. Justinian begnügte sich mit dem Inventar, für das der Vormund unter Gefahr der Infamie haften sollte, sofern ihn der Erblasser nicht dieser Verpflichtung überhoben hatte, womit der Erfolg der Einrichtung allerdings in Frage gestellt war.

Die Gebarung des Vormundes (auctoritas, gestio) erfuhr keine grundsätzliche Änderung. Eine Erweiterung seines Wirkungskreises bedeutete die Ermächtigung Valentinians III., im Namen des infans die Erbschaft der Mutter oder mütterlicher Verwandter anzutreten, eine Einschränkung das Verbot Justinians an die Schuldner des Mündels, ohne Ermächtigung der Behörde Zahlungen, ausgenommen laufende Schuldigkeiten, zu leisten. Die Verantwortlichkeit des Vormundes gegenüber dem Mündel war bereits seit Konstantin durch ein gesetzliches Generalpfandrecht sichergestellt.

Die Stellung des Kurators, namentlich des curator minoris, wurde immer mehr und mehr der des Vormundes angenähert. Zum Abschlusse brachte diese Entwicklung, wie eine Reihe erst jüngst aufgedeckter Interpolationen zeigt, allerdings erst Justinian. Die dadurch bedingte Beschränkung der Geschäftsfähigkeit bis zum fünfundzwanzigsten Lebensjahre ließ es wünschenswert erscheinen, dem Minderjährigen wenigstens in Ausnahmefällen die volle Geschäftsfähigkeit zuzuerkennen. Diese venia aetatis regelte Konstantin, indem er sie bei Jünglingen von der Erreichung des zwanzigsten, bei Mädchen von der des achtzehnten Lebensjahres abhängig machte und außerdem boni mores, probitas animi und mentis sollertia verlangte. Versagt blieb dem großjährig Erklärten bis zur Erreichung der physischen Großjährigkeit nur die Fähigkeit zu Schenkungen und — durch Justinian — zu den auch dem Vormunde verbotenen Veräußerungen.

Zweites Kapitel: Dingliche Rechte.

Auf dem Gebiete des Sachenrechtes machte sich der charakteristische Zug dieser Zeit, das allmähliche Absterben der spezifisch römischen Rechtsformen zumindest im Ostreich und ihr schließliches Verschwinden überhaupt auf der einen Seite, andererseits das fortschreitende Eindringen volksrechtlicher Eigenheiten in das Gefüge des Reichsrechtes und deren endgültiger Sieg über das römische „Stadtrecht“ besonders deutlich bemerkbar.

Was die spezifisch römischen Rechtsformen betrifft, so wird die in iure cessio zwar noch in einer Konstitution Diokletians und Maximians (293) als Form des Schenkungsvollzuges ausdrücklich erwähnt. Seitdem aber fehlt jedes sichere Zeugnis dafür, so daß sie wohl bald darauf aus der Praxis verschwunden sein dürfte. Das ist, abgesehen von allen anderen Erwägungen, schon darum nicht verwunderlich, weil die Notwendigkeit, die Behörde, in der Provinz regelmäßig den Statthalter zur Mitwirkung heranzuziehen, in grellstem Widerspruche zu den Bedürfnissen des Verkehrs stand.

Auch die Manzipation hatte an praktischer Bedeutung schon längst eingebüßt, seitdem das prätorische Recht der Tradition selbst von res mancipi so ziemlich dieselbe Rechtskraft sicherte. Allein nicht bloß der konservative Sinn der Römer, die Macht der Gewohnheit, erhielt die Manzipation trotzdem lebenskräftig. Maßgebend waren vielmehr wohl auch gewisse juristische Vorzüge der Manzipation, einerseits ihre Publizität, andererseits die Möglichkeit der Eigentumsübertragung ohne Besitzübertragung (wenigstens bei unbeweglichen Sachen), daher auch ohne daß der Übertragende Besitzer zu sein brauchte. Jedenfalls galt sie nicht bloß noch Paulus und Ulpian als lebendiges Recht, sondern ebenso auch noch Diokletian und Konstantin. Sie findet nicht nur noch in einer Konstitution vom Jahre 355 ausdrücklich Erwähnung, sondern wird auch noch in Quellen aus dem Ende des vierten und aus der Mitte des fünften Jahrhunderts als Basis der fiducia stillschweigend vorausgesetzt. Im justinianischen Quellenkreis ist sie dagegen verschwunden und man nimmt zumeist an, daß nicht erst Justinian sie aufgehoben, sondern daß sie schon längst vorher ihre praktische Geltung verloren habe.

Eine geistreiche Vermutung bringt ihr Verschwinden in Zusammenhang mit einer Konstitution der Kaiser Theodosius, Arcadius und Honorius (394), die angeblich auch für die Übertragung des Eigentums an unbeweglichen Sachen körperliche Übergabe verlangte und damit der Manzipation den Boden entzog. Allein nicht bloß war diese Bestimmung nichts neues, sondern nur Wiederholung einer Verfügung Konstantins (316) und bezog sich wie diese nur auf Schenkungen. Der Zwang zur körperlichen Übergabe ließ sich vielmehr trotzdem vermeiden und wurde tatsächlich auch vermieden, indem sich der Schenker den Nießbrauch vorbehielt, so daß die Manzipation selbst in diesem Falle nach wie vor ohne körperliche Übergabe möglich war. Andererseits scheint in der Tat zwar der Gegensatz zwischen res mancipi und res nec mancipi bis auf Justinian fortgelebt zu haben, die Manzipation aber wenigstens in der östlichen Reichshälfte schon früher abgestorben zu sein. Das darf, abgesehen von dem völligen Mangel an positiven Zeugnissen für die Manzipation in dieser Zeit, vor allem aus der Stellung der justinianischen Gesetzgebung zu der Frage geschlossen werden. Während sie den Gegensatz zwischen res mancipi und nec mancipi ausdrücklich aufhob, nimmt sie von der Manzipation nirgends ausdrücklich Notiz, sondern begnügt sich damit, ihrem Untergange dadurch Rechnung zu tragen, daß sie sie allenthalben aus dem verarbeiteten Quellenmaterial ausmerzte, ihre Nichtexistenz dadurch lediglich indirekt bestätigte. Trifft diese Annahme zu, so ergibt sich damit für eine gewisse Zeit der Zustand, daß es zwar noch res mancipi, aber keine Manzipation mehr gab. Die Erklärung dieses zwiespältigen Rechtszustandes aber ist vermutlich wie für ähnliche Erscheinungen in dem Gegensatze zwischen West und Ost, genauer vielleicht zwischen Italien und den Provinzen zu suchen.

Im Osten wurde die Manzipation von jeher als Fremdkörper empfunden, niemals heimisch. Das zeigte sich bereits bei den an die Form der Manzipation gebundenen Akten des Familienrechtes und war vermutlich auch auf dem Gebiete des Sachenrechtes nicht viel anders, zumal die weitaus wichtigste res mancipi, der fundus Italicus, hier naturgemäß keine oder bei der Spärlichkeit des ius Italicum im Provinzialgebiete doch keine bedeutende Rolle spielte. Das Bedürfnis danach war um so weniger lebhaft, als die καταγραφή, die die Glossare vielfach geradezu der mancipatio gleichstellen, die anläßlich der Übertragung errichtete Auflassungsurkunde, sie vollkommen ersetzte. Daran änderte auch die constitutio Antonina so gut wie nichts. Dazu trug gewiß auch die bereits angedeutete Erweiterung der Tradition das ihrige bei. Nicht viel anders lagen die Dinge aber auch in den westlichen Provinzen. Beweis dafür die fast völlige Ignorierung der sachenrechtlichen Manzipation in der lex Romana Wisigotorum. Die Domäne der Manzipation war und blieb Italien mit seinem fundus Italicus. Hier bezeugen denn auch die ravennatischen Papyri und andere Urkunden die Manzipation nicht nur dem Namen nach, sondern auch der Sache nach als lebendiges Institut, selbst noch für die nachjustinianische Zeit. Doch war freilich im sechsten Jahrhundert auch hier von der Manzipation nichts mehr übrig als die Manzipationsform, war die Manzipation nicht mehr wirkliches Rechtsinstitut, sondern bloß noch Formular der Notariatskanzleien.

Wie der Gegensatz zwischen res mancipi und nec mancipi zwar während dieser ganzen Zeit fortbestand, aber praktisch immer mehr an Bedeutung verlor, so verwischte sich zumindest auf dem Gebiete des Privatrechtes allmählich auch der Unterschied zwischen dem ager limitatus und arcifinius. Schuld daran trug, wie schon seinerzeit innerhalb der Grenzen Italiens, jetzt in dem weiten Provinzialgebiete vermutlich vor allem die massenhafte Aufnahme ganzer nicht römischer Gemeinden in den Bürgerverband ohne Neuvermessung ihrer Gemarkung. Auf diese Weise scheint wenigstens der ehedem nur zugunsten des Eigentümers eines ager arcifinius eingetretene Eigentumserwerb durch alluvio und avulsio, am alveus derelictus und an der insula in flumine nata schon in vorjustinianischer Zeit auch zugunsten des Eigentümers eines ager limitatus zugelassen worden zu sein. Das war um so unbedenklicher, als schon seinerzeit regelmäßig er es gewesen sein dürfte, der tatsächlich von dem kraft Rechtens jedermann zustehenden Okkupationsrecht in solchen Fällen Gebrauch machte. Auch wurde diese Entwicklung wahrscheinlich durch das fiskalische Interesse begünstigt, den steuerfähigen Boden in die Hand eines steuerpflichtigen Rechtssubjektes zu bringen.

Dieses Steuerinteresse war es wohl auch in erster Linie, das dem Wunsche nach einer gewissen Publizität der Eigentumsübertragung Nahrung gab und zu einschneidenden Reformen auf diesem Gebiete führte. Sie waren um so notwendiger, als die mit einer gewissen Publizität ausgestattete Manzipation, wie bereits bemerkt, nicht bloß in den Provinzen so gut wie unpraktisch war, sondern namentlich für den Provinzialboden versagte, und als die Einrichtung der Grundbücher selbst in dem beschränkten Gebiete, das sie beherrschte, anscheinend im Zusammenhange mit der Verwaltungsreform Diokletians verschwand. Die Reform mußte daher den Hebel bei der Tradition ansetzen. Das tat Konstantin, indem er bestimmte, daß die Tradition von Immobilien zu ihrer Wirksamkeit der demonstratio finium durch den Veräußerer gegenüber dem Erwerber auf dem Grunde selbst in Anwesenheit der Nachbarn als Zeugen bedürfe. Die Formeln und Urkunden des fünften Jahrhunderts sprechen ferner wiederholt von einer sollemnis locorum introductio, die anscheinend in einer feierlichen Besitzeinweisung des Erwerbers durch den Veräußerer unter Mitwirkung der staatlichen oder städtischen Behörden bestand. Zugleich verlangte die Gesetzgebung die Eintragung der Eigentumsübertragung in die Steuerrolle und zur Sicherung der Übertragungsgebühr, solang eine solche bestand, die Anmeldung des Kaufvertrages beim „Gebührenamt“. Die Registrierung der Urkunden, die „Insinuation“, war reichsrechtlich nur für gewisse Geschäfte, vor allem für Schenkungen vorgeschrieben. In der Regel war es dem Belieben der Parteien, namentlich des Erwerbers überlassen, die Übertragungsurkunde, die immer mehr und mehr die Bedeutung eines unbedingten Beweismittels erlangte, den bezeugten Vorgang selbst ersetzte und so schließlich, doch wohl erst im justinianischen Rechte, zu einer echten symbolischen Tradition, zu einer traditio ficta durch Übergabe der Urkunden an Stelle der Sache selbst führte, in die „Stadtbücher" eintragen zu lassen.

Nicht ohne Einfluß auf das Privatrecht war auch die gleichmäßige Belastung des italischen und des Provinzialbodens durch Diokletians Steuerreform. Das zeigte sich beispielsweise in der Behandlung des Schatzes (thesaurus), der schon früher das Interesse des Fiskus erregt hatte. Vielleicht an die Lehre der lex Iulia von den bona vacantia anknüpfend, scheint schon das älteste Kaiserrecht den Schatz als res nullius für die Staatskasse in Anspruch genommen zu haben. Ein Standpunkt, den allerdings, wie die richtige Datierung eines Zeugnisses des Dichters Calpurnius Siculus lehrt, das man lange in die Regierungszeit der Kaiser Carus und Carinus verlegte, heute aber mit gutem Grunde schon der Neros zuschreibt, bereits Nero wieder aufgab. Dieser neuen Auffassung trug dann Hadrian durch seine bekannte Verfügung Rechnung, indem er den absichtlich (data opera) gesuchten Schatz dem Grundeigentümer, den zufällig gefundenen zur Hälfte dem Finder zufallen ließ. Doch hatte das vermutlich nur für den italischen Boden Geltung. Die fiskalischen Rechte an dem im „Obereigentum" des Staates stehenden Provinzialboden blieben anscheinend davon unberührt. Damit allein schon war die geeignete Handhabe geboten, das staatliche Recht am Schatz alsbald auch wieder auf den italischen Boden auszudehnen, zur allgemeinen Norm zu erheben, nachdem der Unterschied zwischen italischem und Provinzialboden durch die gleichmäßige Besteuerung beider verwischt war. Das geschah durch eine Verfügung Konstantins. Der Schatz ward (wieder) res nullius mit einem privilegierten Okkupationsrecht des Fiskus. Erst Gratian, Theodosius und Valentinian verzichteten wieder auf dieses Recht und überließen den Schatz dem Grundeigentümer und dem Finder, dem letzteren jedoch bloß zu einem Viertel. Eine in Justinians Kodex übergegangene Konstitution Leos und Zenos stellte dann schließlich wieder Hadrians Ordnung her.

Das stetige Schwinden des Gegensatzes zwischen italienischem und Provinzialboden und die zunehmende Bedeutung des letzteren begünstigten ferner nicht nur die Entwicklung der longi temporis praescriptio, sondern führten schließlich zu ihrer völligen Verschmelzung mit der Usukapion. Die Präskription war im Gegensatze zur Usukapion wie gegen den Eigentümer, so auch gegenüber einem anderen dinglich Berechtigten (Pfandgläubiger usw.) wirksam. Schon um dieses und um einiger anderer weniger bedeutsamer Vorteile willen verstand sie sich selbst im Verhältnisse zwischen römischen Bürgern und mit Rücksicht auf römische Sachen gegenüber der Usukapion durchzusetzen. Nur die Güter des Staatsschatzes und des Prinzeps waren auch ihr kraft besonderer Privilegien entzogen, denen Justinian auch eines für die unbeweglichen Güter der Kirchen und frommen Stiftungen anreihte. Die Güter der Minderjährigen bedurften nicht erst solcher Privilegien, soweit sie den Schutz der oratio Severi und der sie ergänzenden Vorschriften genossen. Im übrigen ließ schon eine Konstitution Diokletians und Maximians die praescriptio gegen sie erst nach erreichter Großjährigkeit beginnen.

Andererseits versagte die Präskription wie die Usukapion, wenn eine ihrer gemeinsamen Voraussetzungen (iusta causa, bona fides u. a. m.) fehlte. Diesem Mangel half wenigstens zum Teile die praescriptio longissimi temporis ab, die jedem Besitzer gegen die Klage selbst des privilegierten Eigentümers, nur gegen diesen zum Teil erst nach längerer Frist, gewährt wurde, wenn er sich, erst durch vierzig, später durch dreißig Jahre, im ungestörten Besitze der Sache befunden hatte. Das hatte anscheinend zuerst Konstantin angeregt und wurde durch eine Konstitution Theodosius' II. (424) zur reichsrechtlichen Norm erhoben. Dadurch wurde der Besitzer zwar nicht zum Eigentümer gemacht, der Eigentümer nicht seines Rechtes verlustig, die Sache in der Hand des Dritten zu verfolgen, aber doch der ungestörte Genuß in zweckmäßiger Weise geschützt. Erst Justinian schrieb (528) dem dreißigjährigen redlichen, wenn auch nicht titulierten Besitze selbst einer gestohlenen (nur nicht geraubten) Sache als solchem die Wirkung des Eigentumserwerbes zu.

Er war es auch erst, der schließlich (531) die seit dem Verschwinden des ehemaligen Gegensatzes zwischen bürgerlichem und prätorischem Eigentum, zwischen Eigentum der Bürger und Fremden, zwischen Eigentum am italienischen und am Provinzialboden sachlich kaum mehr berechtigte Unterscheidung zwischen Präskription und Usukapion endgültig beseitigte. Usucapio sollte nun die Ersitzung beweglicher, praescriptio die der unbeweglichen Sachen heißen. Die Usukapion sollte an eine Frist von drei, die Präskription an eine solche von zehn und zwanzig Jahren gebunden, in beiden Fällen aber successio und accessio possessionis gestattet sein. Außerdem ließ er die dreißigjährige Ersitzung in der von ihm vorher geregelten Form und Wirkung bestehen. Wo auch deren Voraussetzungen fehlten, blieb es bei der theodosianischen praescriptio longissimi temporis.

Die die Rechtsordnung dieser Zeit beherrschende Auffassung, die das Eigentum, vornehmlich das Grundeigentum in erster Linie als Steuerquelle betrachtete, begnügte sich nicht mit der einfachen Grundsteuer. Dazu kamen noch außerordentliche Belastungen wie die Verpflichtung zur Aufführung und Erhaltung von öffentlichen Straßen, Brücken und Bauten (munera extraordinaria sive sordida), zu Beitragsleistungen für die Erhaltung und Ernährung der Truppen (vestis militaris) und zur Einquartierung. Neben diesen allgemeinen gab es überdies besondere Lasten für bestimmte Gruppen von Grundbesitzern. Diese Betrachtungsweise ließ zugleich gegenüber dem klassischen Standpunkte des absoluten Eigentumsrechtes im verstärkten Maße den Gedanken zum Durchbruche kommen, daß der private Egoismus hinter dem öffentlichen Interesse zurücktreten müsse. Sie begünstigte mit anderen Worten die Entwicklung der „Legalservituten", die Beschränkung des Individualrechtes im öffentlichen Interesse und zugunsten des Nachbarrechtes.

Schon im dritten Jahrhundert fand das Recht des Zuganges zu einer auf fremdem Grunde gelegenen Begräbnisstätte (iter ad sepulcrum) grundsätzliche Anerkennung. Im fünften Jahrhundert erlangten gewisse, von Haus aus lokale Normen des Baurechtes reichsrechtliche Geltung. Kaiser Leo schrieb für Privatbauten einen Abstand von zwölf und die Höchstgrenze von hundert Fuß vor und untersagte die Beeinträchtigung des Licht- und Aussichtsrechtes der Nachbarn durch Neubauten. Kaiser Zeno verbot, bestehenden Bauten durch Neubauten im Umkreise von weniger als hundert Fuß den Ausblick auf das Meer zu rauben. Justinian untersagte Neubauten, die einer bestehenden Anlage den zu ihrem Betrieb erforderlichen Wind nehmen.

Vor allem aber rang sich seit dem Ausgange des vierten Jahrhunderts die Anerkennung eines selbständigen „Bergwerkseigentumes" durch. Kaiserkonstitutionen aus dieser Zeit gestatteten gegen eine Abgabe von zehn Prozent an den Grundeigentümer und von ebensoviel an den Staatsschatz jedem Dritten, auf fremdem Grunde Bergbau zu treiben, wenn er die Haftung für den dem Bodeneigentümer am Boden, namentlich an Baulichkeiten erwachsenden Schaden übernahm. Dieses „Bergwerkseigentum", das noch Ulpian ausdrücklich abgelehnt hatte (in tuo agro ... invito te nec privato nec publico nomine quisquam lapidem caedere potest) erklärt sich vielleicht zum Teil als Fortbildung von Verhältnissen, wie sie, vermutlich im Anschluß an bereits vorgefundene Zustände, schon in der doch wohl nicht vereinzelten, sondern vielmehr typischen Bergwerksordnung von Vipaska anerkannt waren, wo bereits die Okkupation (neben adsignatio und emptio) als generelle Erwerbsart für die Bergbauberechtigung erscheint und das Verhältnis des Unternehmers als proprietas bezeichnet wird, was allerdings kaum wörtlich zu nehmen ist, sondern wie bei Erbpacht und Bodenzins nur uneigentlich auf ein eigentumsähnliches, veräußerliches und vererbliches ius in re aliena hindeutet, das anscheinend auf unbeschränkte Zeit erworben, aber durch Unterlassung der Ausübung verloren wurde. Vielleicht handelt es sich auch nur um ein vereinzelt schon im älteren Rechte zur Geltung gekommenes Expropriationsrecht. Jedenfalls mahnen das Auffallende der Erscheinung und die Dürftigkeit der Quellen vorerst noch zur Vorsicht, ist vor einer Überschätzung ihrer Bedeutung zu warnen. Sicherlich zu weit geht die Annahme eines staatlichen Bergregales.

Der Eigentumsschutz konzentrierte sich dank der Vereinheitlichung des Eigentumsbegriffes im wesentlichen in der rei vindicatio, die sich nun in den Formen der extraordinaria cognitio abspielte. Charakteristisch, daß sie nun ausnahmslos gegen jeden Besitzer (Detentor) gerichtet werden konnte. Nur wurde der bloße Inhaber (einer unbeweglichen Sache, der Pächter) von Konstantin verpflichtet, seinen Besitzherrn namhaft zu machen (laudare auctorem suum), damit dieser in die Lage kam, die wirksame Verteidigung gegen die Klage zu übernehmen. Die Klage wurde dann dem Besitzherrn mitgeteilt und das Verfahren bis zum Ablauf einer bestimmten Frist gehemmt. Stellte er sich nach Ablauf dieser Frist der Klage, so wurde der Beklagte vom Prozeß entbunden. Stellte er sich nicht, so konnte jetzt der Beklagte die Sache fahren lassen und es oblag dem Besitzherrn, sein Recht in einem neuen Prozeß als Kläger geltend zu machen.

Die Eigentumsklage war nun insofern eine „hybride und komplexe" Klage, als sie eine Reihe verschiedener Ansprüche mit einander verband, dem Eigentümer nicht nur seine Sache verschaffte, sondern auch den Anspruch auf Früchte und auf Ersatz für Verderbnis oder Verschlechterungen der Sache in sich schloß, Ansprüche, die, soweit sie das klassische Recht überhaupt anerkannt hatte, dort den Gegenstand eines besonderen Verfahrens bildeten.

Eine eigentümliche Erscheinung dieser Zeit ist die sogenannte vindicatio utilis als dingliche Klage des gewesenen Eigentümers, des derzeit nur obligatorisch Berechtigten, teils als Ersatz eines erloschenen dinglichen Rechtes, teils als erhöhter Schutz eines persönlichen Rechtes, die darum anscheinend nicht gegen jeden Dritten, sondern grundsätzlich nur gegen eine bestimmte Person, selbst gegen deren Rechtsnachfolger bloß unter der Voraussetzung bösgläubigen oder lukrativen Besitzerwerbes zuständig war. Doch liegt in den Fällen der echten vindicatio utilis — gewisse als solche gedeutete Fälle lassen sich auch als persönliche actio in factum oder als „gemeine" Vindikation mit Umstellung der Subjekte erklären — doch wohl erst justinianische, zum Teil von griechischen Rechtsvorstellungen beeinflußte Neuerung vor.

Die actio Publiciana verschwand in demselben Maß, in dem die Usukapion an Bedeutung verlor. Während sie daher zwar in den Institutionen und Digesten Justinians noch eine Stätte fand, enthält der Kodex keine Spur mehr davon. In ähnlicher Weise verlor auch der Besitzschutz an selbständiger Bedeutung. Nachdem schon die Praxis des oströmischen Reiches die Grundsätze des interdictum uti possidetis auch auf das utrubi erstreckt hatte, fand es Justinian einfacher, die beiden Interdikte miteinander zu verschmelzen. Das Interdikt unde vi fand nun auch auf bewegliche Sachen Anwendung und ließ in jedem Falle den Besitzstand zur Zeit des Prozesses entscheiden. Auch verzichtete Justinian auf den Unterschied zwischen vis armata und vis cottidiana und schloß gegenüber dem Interdikt unde vi die exceptio vitiosae possessionis allgemein aus.

Die iura in re aliena, die Servituten und die persönlichen Nutzungsrechte, erfuhren in dieser Zeit keine erheblichen Wandlungen. Sieht man jedoch in stipulatio und pactio eine einheitliche, bis auf Justinian auf den Provinzialboden beschränkte Bestellungsart und in traditio und patientia erst Schöpfungen Justinians, so bereitet allerdings die Frage einige Schwierigkeit, wie Servituten in Italien bestellt werden mochten, seitdem in iure cessio und mancipatio außer Übung gekommen waren. Dem scheint zum Teil dadurch Rechnung getragen worden zu sein, daß die Stipulationen etwa seit dem fünften Jahrhundert — als frühestes sicheres Zeugnis kommt eine Konstitution Zenos in Betracht — auch für Rom und Italien als Servitutsbestellungsarten anerkannt wurden. Überdies ist doch wohl, wie bereits bemerkt, das Verschwinden wenigstens der Manzipation für Italien nicht wörtlich zu nehmen. Daß Stipulation oder Paktum eine Servitut zu begründen vermochten, und die Begründung von Servituten durch Tradition sind dagegen unbeschadet gewisser älterer Ansätze zu dieser Entwicklung wohl wirklich erst justinianisches Recht.

Eine eigenartige Fortbildung erfuhr in dieser Zeit die Erbpacht. Handelte es sich bei der Erbpacht der republikanischen Periode vorwiegend um kleine Wirtschaften, so kam zwar die Erbpacht im kleinen auch noch in der späteren Kaiserzeit vor. Entscheidend war aber, daß sich jetzt vor allem eine Klasse von großen Erbpächtern bildete. Die Anfänge dieses allmählichen Umbildungsprozesses reichen vermutlich weit zurück. Greifbar sind seine Ergebnisse aber erst etwa seit dem vierten Jahrhundert. Diese „Großpacht" erscheint wiederum in zweifacher Gestalt, als ius perpetuum oder als ius emphyteuticum. Nichts damit zu tun hatten das ius privatum salvo canone und demto canone, Eigentumsverhältnisse an Domänenboden, die nicht bloß (wie die Erbpacht) Veräußerlichkeit und Vererblichkeit, sondern auch Befreiung von dem Aufsichts- und von dem Privationsrechte der Domänenverwaltung, mit einem Worte vollständige „Unbedingtheit des Besitzes" gegen Abgabenpflicht (salvo canone) oder sogar abgabenfrei (demto comone) gewährten, ein „Widerspruch in sich selbst" und eine „hybride Bildung", die, in normalen Zeiten durch die Kaisergesetzgebung wiederholt als unzulässige Maßregel verboten, nur durch drückende Finanznot veranlaßt werden konnte, der das in jedem Falle zu leistende Einstandsgeld steuern sollte.

Der erst von Mitteis klargestellte Unterschied zwischen ius perpetuum und ius emphyteuticum wurzelte anscheinend in der Verschiedenheit des Bodens. Das ius perpetuum, eine Fortbildung des alten ius in agro vectigali, bestand an fundi rei privatae (Krongut), das ius emphyteuticum — die Bezeichnung rührte wohl nicht von der kaum bloß dieser Pachtart eigentümlichen Kulturpflicht, sondern von der Tätigkeit des Pächters als „Pflanzer" im Gegensatze zum Bauern (γεωργός), ihr Übergang auf das gemeinsame Institut nach der Verschmelzung beider Einrichtungen allerdings wohl daher, daß die Kulturpflicht dem ius perpetuum vielleicht nicht wesentlich, erst von der Emphyteuse darauf übertragen war — am fundus patrimonialis (Hausvermögen der regierenden Dynastie). Das ius perpetuum gewährte ein zeitlich unbegrenztes, das ius emph. ein zeitlich begrenztes Recht. Wie eben der Privatmann auf seinen Gütern keinen ewigen Pächter ansetzt, so tat das auch die Dynastie nicht auf ihrem Privatbesitz, während diese Erwägung für das Krongut entfiel. Darum hieß der „perpetuarius" auch dominus fundi, der emphyteuticus bloß conductor. Deshalb konnte nur jener, nicht auch dieser Gutssklaven freilassen, zahlte wohl nur jener, nicht auch dieser ein Erbstandsgeld. Darum durfte dem perpetuarius sein Gut nur durch besondere kaiserliche Verfügung entzogen werden, konnte der emphyteuticus dagegen durch die Domänenverwaltung abgestiftet werden, wenn er sich weigerte, eine Erhöhung des Pachtpreises auf sich zu nehmen. Veräußerungsberechtigt waren hingegen wohl beide, doch beide nur mit Zustimmung der Verwaltungsbehörde.

Allmählich vollzog sich jedoch ein Ausgleich zwischen beiden Rechtsformen. Den entscheidenden Schritt bedeutete die Konstitution Valentinians und Valens', die die Steigerung der Emphyteuten von Fall zu Fall verbot, ihren Pachtzins fixierte und ihnen dadurch eine dem ius perpetuum gleichkommende Rechtsstellung verlieh. Das trat auch äußerlich darin zutage, daß seitdem auch für Patrimonialgüter der Ausdruck ius perpetuum gebraucht wurde. Zugleich fand diese Einrichtung auch auf städtischen und kirchlichen, schließlich auch auf privaten Grundbesitz Anwendung. Die Umwandlung der Zeit- in Ewigpacht aber erklärt sich wohl aus der ins Ungemessene wachsenden Ausdehnung der Patrimonialgüter, die eine jedesmalige Neulizitation der gesamten Familiengüter nach fünf Jahren fast undurchführbar machte und wahrscheinlich schon längst faktisch meist zu einer Wiederverleihung an die bisherigen Pächter und schließlich zum Verzicht darauf führte.

Dieser Entwicklung trug schon Zeno Rechnung, indem er die Begründung der Emphyteuse, die von Haus aus als Pachtvertrag erschienen war, in Anbetracht des eigentumsähnlichen Rechtes aber, das sie schließlich war, von den Juristen als Kaufvertrag aufgefaßt wurde, zu einem Geschäft eigener Art erhob, das den Pächter zur Zahlung des vollen Zinses verpflichtete, selbst wenn die Sache teilweise, nur befreite, wenn sie gänzlich zugrunde ging. Zum Abschlusse brachte diese Entwicklung Justinian. Er verschmolz beide Rechte ausdrücklich. Die neue Emphyteuse sollte durch Unterlassung der Zinszahlung während dreier Jahre erlöschen, den Pächter verpflichten, den beabsichtigten Verkauf dem Eigentümer anzuzeigen, damit er ein Vorkaufsrecht (ius praelationis, protimiseos) oder zwei Prozent vom Kaufpreis (laudemium) in Anspruch nehme. Dagegen gewährte sie dem Pächter eine „dingliche" Rechtsstellung, die Klagen des Eigentümers (rei vindicatio, actio confessoria, actio negatoria etc.) als actiones utiles.

Das Pfandrecht dieser Zeit ist charakterisiert durch das Überwuchern der stillschweigenden gesetzlichen, überdies zum Teile privilegierten Pfandrechte an einzelnen Vermögensstücken oder gar am ganzen Vermögen des Verpflichteten, die den Grundsatz der Rangordnung, die Basis eines gesunden Realkredites zuschanden machten und eine der Hauptursachen für die Zerrüttung der Wirtschaftsverhältnisse dieser Zeit bildeten. Die Privilegien des Fiskus wurden allmählich auf seine sämtlichen Forderungen, mochten es Steuer- oder Vertragsforderungen sein, erstreckt. Konstantin gewährte, vielleicht hellenistischer Übung folgend, dem Mündel eine „Generalhypothek" am Vermögen des Vormundes. Gegen Ausgang des vierten Jahrhunderts setzte sich das Pfandrecht der unter mütterlicher Vormundschaft stehenden Kinder am Vermögen des Stiefvaters durch. Daran reihte sich später ein solches am Vermögen der Mutter selbst, wenn sie zu einer zweiten Ehe schritt, um die Ansprüche der Kinder auf die ihnen dadurch verfallenden lucra nuptialia aus der ersten Ehe zu sichern. Dieses Pfandrecht erstreckte dann Justinian auch auf das Vermögen des zu einer zweiten Ehe schreitenden Vaters. Er schuf ferner eines zur Sicherstellung der bona adventicia der Kinder. Auch schützte er den Anspruch des Mannes auf die versprochene dos durch ein Pfandrecht am Vermögen des Bestellers, den Anspruch der Frau auf Rückstellung der dos sowie auf Ausfolgung ihrer Paraphernen und der donatio propter nuptias nach Auflösung der Ehe durch ein Pfandrecht am Vermögen des Mannes. Nicht genug damit räumte Justinian solche „Legalhypotheken" noch für eine Reihe der verschiedensten anderen Ansprüche ein, zur Sicherstellung letztwilliger Zuwendungen am Vermögen des Belasteten, zum Schutze des Geisteskranken am Vermögen seines Kurators, der Kirche am Vermögen ihrer Erbpächter, schließlich auch am Vermögen der Witwe, die unter der Bedingung, daß sie nicht wieder heirate, bedacht war, dem, dem die Zuwendung andernfalls zugute kommen sollte.

Nur einen schwächlichen Versuch, den Gefahren der

mangelnden Publizität der Pfandrechtsbegründung entgegenzutreten, bedeutete die Verfügung Kaiser Leos, daß durch öffentliche Urkunden (pignus publicum) oder durch eine von drei unbescholtenen Zeugen unterschriebene Urkunde (pignus quasi publicum) bestellte Pfandrechte formlos begründeten Pfandrechten vorgehen sollten.

Die Struktur des Pfandrechtes erfuhr, abgesehen von der schon früher dargestellten Ausgestaltung des ius distrahendi, in dieser Zeit keine erhebliche Wandlung. Bemerkenswert ist nur das Verbot der lex commissoria, der Vereinbarung des Pfandverfalles zugunsten des Gläubigers, durch Konstantin, weil es vielleicht vermöge seiner Unvereinbarkeit mit dem Typus des griechischen Pfandrechtes den endlichen Sieg der römischen Satzung über das griechische Volksrecht bedeutete. Wirtschaftlich war es in der Absicht begründet, der Ausbeutung der Schuldner vorzubeugen, die dadurch Gefahr liefen, für eine geringfügige Schuld ein weitaus wertvolleres Pfand ohne Anspruch auf die Wertdifferenz einzubüßen. Nicht ausgeschlossen war jedoch dadurch die impetratio domini für den Gläubiger in der schon durch die Severe festgesetzten Form.

Drittes Kapitel: Obligationenrecht.

Auf dem Gebiete des Obligationenrechtes kann man vielleicht, Justinians Gesetzgebungswerk auch hier nicht so sehr als einen Bruch des neuen mit dem alten Recht, als eine auf den Trümmern der Vergangenheit errichtete Neuschöpfung, sondern vielmehr als den Schlußstein der mit Diokletian anhebenden allmählichen Orientalisierung des römischen Rechtes betrachtend, als allgemeinste Kennzeichen dieses Entwicklungsganges einerseits das Eindringen des zu neuen Begriffsbildungen und Systematisierungen führenden spekulativen Geistes der griechischen Philosophie in die Rechtstheorie, andererseits das völlige Verschwinden der spezifisch römischen Geschäftsformen und das Überwuchern des Schrifttums ansprechen.

Die bekannte Begriffsbestimmung der Obligation — obligationum substantia non in eo consistit, ut aliquod corpus nostrum vel aliquam servitutem nostram faciat, sed ut alium nobis obstringat ad dandum aliquid vel faciendum vel praestandum — wurde bereits wohl mit Recht als ein Werk der Kompilatoren bezeichnet, weil sie zum Inhalte der Obligation erklärte, was der klassischen oder auch erst nachklassischen Rechtswissenschaft das Wesen der actio ausmachte. Ebensowenig fand der Begriff des Anspruches als „eines präsenten, gegen einen bestimmten Gegner sich richtenden Verlangendürfens" im klassischen Rechte theoretische Anerkennung und Formulierung. Im Gegensatze dazu nahmen Untersuchungen über die natura (*φύσις*) der actio und des contractus, der obligatio sowie zahlreicher anderer Begriffe (dos, mortis causa donatio, arrha, delictum etc.) in den Schriften der byzantinischen Juristen einen breiten Raum ein. Für diese Untersuchungen fehlte die Anknüpfung in der Theorie des klassischen römischen Rechtes. Soweit sie in Justinians Kodifikation Eingang fanden, sind sie denn auch, mögen sie immerhin als Aussprüche klassischer Juristen auftreten, als Interpolationswerk kenntlich. Ihren Ausgangspunkt bildete vielmehr die griechische Philosophie, zu deren Lieblingsthemen die natura (*φύσις*) der Dinge gehörte.

Aus derselben Wurzel entsprang die actio generalis (condicto generalis, actio praescriptis verbis usw.) der Byzantiner, zu der sie durch die erste der fünf Kategorien des Aristoteles, durch das *γένος* angeregt worden sein mochten. Doch handelte es sich dabei keineswegs um bloße philosophische Spielereien. Die neue Erkenntnis zeitigte auch ihre praktischen Früchte. Aus der natura actionis wurde der Begriff des materiellen Anspruches geboren, der die Aktionen nicht mehr bloß nach ihrer Prozeßform, sondern im Gegensatze zum klassischen Rechte nach ihrem inneren Gehalte schied. Daraus und aus der Erkenntnis der natura contractus ergab sich die Möglichkeit der Verbindung formell verschiedener Ansprüche zu einem inhaltlich einheitlichen Ganzen (actio recepticia und actio pecuniae constitutae; actio rei uxoriae und actio ex stipulatu), die Betonung des Willensmomentes gegenüber der Vertragsform, die zwar weder zum völligen Verzicht auf die einzelnen Vertragstypen des klassischen Rechts noch zur unbedingten Anerkennung der verpflichtenden Kraft des

Parteiwillens als solchen führte, aber doch dem Parteiwillen innerhalb der gegebenen Vertragsgrenzen einen viel weiteren Spielraum gewährte.

Ebenso bedeutete die Anerkennung der actio generalis (ex omni causa, ex quocumque contractu sive certi sive incerti) zwar an sich noch keine Vermehrung der klagbaren Ansprüche, insofern sie jedesmal auf den im einzelnen Fall gegebenen Verpflichtungsgrund gestützt werden mußte, nur die gegebenenfalls begründete actio specialis vertrat, bloß Konkurrenzklage war. Allein ihre Bedeutung erschöpfte sich nicht in dieser durch das Verschwinden der Prozeßformeln hinlänglich erklärten Aufgabe. Sie stellte außerdem zu mindest einen schätzenswerten Versuch dar, in die durch den Untergang der Klagformeln verursachte Unordnung der Klagegruppierung wieder ein gewisses System zu bringen. Auch bot sie wohl der autonomen Kaiserrechtsprechung mitunter den erwünschten Deckmantel für die Gewährung mangelnden Rechtsschutzes.

Verwandten Wünschen und Bestrebungen nach Systematik entsprang vermutlich auch die Bereicherung der Obligationstypen um die Quasikontrakte und Quasidelikte. Vor Augen treten uns diese Erscheinungen alle erst in Justinians Gesetzbüchern. Der Geist, dem sie entsprangen, erfüllte jedoch wohl bereits die griechischen Rechtsschulen des vierten und fünften Jahrhunderts. Inwieweit sie daher schon früher praktisch zur Geltung gekommen sein mögen, muß freilich derzeit dahingestellt bleiben.

Dieselbe Erwägung hat mit mehr oder weniger Berechtigung gegenüber allen Erscheinungen statt, die man kurzerhand als Tribonianismen und demnach als justinianisches Recht anzusehen gewohnt ist. Solche „justinianische" Neuerungen waren es vermutlich, die an Stelle der einfachen Begriffe des dolus und der diligentia, auf die sich die Verschuldenshaftung des klassischen Rechts im großen und ganzen zurückführen läßt, ein vielfach abgestuftes und differenziertes System von Haftungsformen setzten. Auch hier handelte es sich anscheinend mehr um den Abschluß von bereits im Keime vorhandenen Entwicklungen als um die Einführung neuer und fremdartiger Gedanken. Wie schon längst neben der kommissiven auch die omissive culpa zur Anerkennung gelangt war, so machte auch das nach dem Stande der Quellen auf Africanus zurückgehende und von ihm vielleicht Julian entlehnte Prinzip, daß es für die Haftung aus Verträgen darauf ankomme, ob utriusque contrahentis commodum versatur oder unius solius commodum, allmählich der Unterscheidung zwischen Dolushaftung aus infamierenden und Kulpahaftung aus nicht infamierenden Klagen den Rang streitig. Ebenso ist wohl auch das Eindringen des Begriffes der „diligentia quam suis" schon für diese ältere Zeit nicht unbedingt von der Hand zu weisen. Endlich setzte sich auch die Abstufung des Verschuldens in culpa lata und culpa levis, wenn auch erst sehr spät und zunächst nicht für Kontraktverhältnisse, doch wohl schon in dieser Zeit durch.

Ein Produkt solch allmählicher Entwicklung war wahrscheinlich auch der, wenn überhaupt, so ebenfalls erst im justinianischen Rechte zu fester Gestalt gelangte Begriff der „fraus legi", des in fraudem legis agere. Dafür spricht schon die Erwägung, daß die justinianischen Konstitutionen den Ausdruck nicht gebrauchen, was sie gewiß täten, wenn er erst Justinians Schöpfung wäre. An sich bedeutete fraus von Haus aus den Schaden im rein objektiven Sinn. Diese Bedeutung erhielt sich auch, nachdem das Wort die „aktivische Bedeutung" der bewußt kränkenden Handlung in sich aufgenommen hatte, die in der Kaiserzeit überwog. Die Handlung in fraudem legis im Sinne der Gesetzesumgehung war dagegen kein selbständiger Begriff der klassischen Rechtswissenschaft. Sie unterwarf den Umgehungstatbestand zum Teile der umgangenen Norm, indem sie mit Hilfe der gewöhnlichen Auslegungsregeln das in fraudem legis zu einem contra legem agere gestaltete. Wo aber diese Auslegungskunst versagte, beschränkte sie sich darauf, die technische Unvollkommenheit der umgangenen Norm zu konstatieren (lex non perfecit, quod voluit), stand sie der Gesetzesumgehung so lange machtlos gegenüber, als nicht eine Korrektur des Gesetzes erfolgte. Ein eigenes, etwa durch einen besonderen Umgehungsdolus charakterisiertes Delikt der fraus legi war dem Recht der klassischen Zeit fremd.

Fraglich ist nur, ob sich auch das römische Recht der späteren Zeit bei dieser Auffassung beschied, oder ob nicht schließlich doch die Gesetzesumgehung als solche der Gesetzesverletzung gleichgestellt wurde. Keineswegs scheint das in dem Sinne geschehen zu sein, daß man als in fraudem legis geschehen jeden Rechtsakt gelten ließ, der auf einem anderen als auf dem vom Gesetz untersagten Wege zu dem gesetzlich verpönten Erfolge führte. Diese „objektive" Theorie findet in den Quellen keinen Anhalt. Zweifelhafter ist es dagegen, ob nicht etwa doch dem sogenannten Umgehungsdolus schließlich entscheidende Bedeutung zukam. Zweifellos betont eine Reihe von Quellenstellen diesen Umgehungsdolus als Element des kritischen Tatbestandes. Es fragt sich bloß, ob diesem Willensmomente nach der Anschauung der Quellen entscheidende Bedeutung zukam. Die offensichtliche Überarbeitung des maßgebenden Quellenmateriales durch die Kompilatoren macht die Entscheidung nicht leicht, gestattet vielleicht dem vorsichtigen Forscher derzeit überhaupt keine bestimmte Antwort, ob hier systematisch und in der Absicht, ein eigenes „Umgehungsdelikt" zu konstruieren, interpoliert wurde. Immerhin legt der Stand der Quellen vielleicht doch die Annahme näher, daß nicht erst die Glossatoren den heutigen Theorien des in fraudem legis agere den Boden ebneten, sondern daß schon die Mitarbeiter Justinians von einem noch den Klassikern fremden, aber vielleicht bereits im Anschluß an die Beseitigung des Gegensatzes zwischen leges perfectae, imperfectae und minus quam perfectae zur Ausbildung gelangten Begriff der fraus legi ausgingen.

Wie sehr das orientalische Schrifttum die römischen Geschäftsformen verdrängte, war schon in der Zeit des Kampfes zwischen Reichs- und Volksrecht zu konstatieren. Nunmehr erlag der römische Verbalvertrag, die Stipulation, völlig diesem Ansturm. Nicht bloß entfiel sogar das charakteristische Erfordernis von Frage und Antwort schon seit einer Konstitution Leos (473), die sich mit beliebigen Worten begnügte, wenn nur überhaupt eine mündliche Erklärung erfolgt war. Die Mündlichkeit der Stipulation wurde überhaupt Nebensache, seitdem sie die schriftliche Urkunde darüber so gut wie ersetzte. Vollends war das der Fall, als Justinian gegenüber der Stipulationsurkunde nur mehr den einzigen Gegenbeweis zuließ, daß eine der beiden Parteien sich während des ganzen in der Urkunde bezeichneten Tages nicht an dem Ort ihrer Errichtung aufgehalten habe. Damit war nicht bloß die Mündlichkeit der Stipulation, sondern sogar der Abschluß des Vertrages inter praesentes überflüssig geworden. Mag endlich zwar trotz dieses Wandels in der Form auch noch in der spätesten Zeit nicht die Schriftlichkeit, sondern die Stipulation als das verpflichtende Element der Schuldverschreibung erschienen sein, so hatte die abstrakt verpflichtende Kraft der Stipulation doch schon durch die Zulassung der exceptio non numeratae pecuniae einen heftigen Stoß erhalten. Eine weitere Abkehr von dieser Bedeutung der Stipulation war es, daß Justinian der cautio quae indiscrete loquitur, der sogenannten cautio indiscreta, dem „abstrakten Schuldversprechen oder Anerkenntnis“, wenn nicht überhaupt, so doch unter gewissen Voraussetzungen den Formalcharakter absprach. Auch diese „justinianische“ Lösung war jedoch nicht ein unverständiger Bruch mit dem klassischen Rechte der Stipulation, sondern nur der Abschluß jener Entwicklung, die aus der Stipulation eine allgemeine Klausel der verschiedensten Rechtsgeschäfte gemacht, der Stipulation ihre eigentümliche Bedeutung geraubt und darum auch der Unterscheidung zwischen abstrakten und materiellen Geschäften den Boden entzogen hatte.

Das zunehmende Übergewicht der Urkunde würde andererseits eine neue Blüte des Literalvertrages erwarten lassen, und in der Tat ist man vielfach geneigt, in einer berühmten Stelle der Institutionen Justinians ein Zeugnis für die Anerkennung eines an die peregrinische literarum obligatio des Gajus chirographis et syngraphis anknüpfenden, neuartigen Literalvertrages zu erblicken. Allein der römische Literalvertrag war anscheinend bereits im vierten Jahrhundert außer Übung gekommen, und das Chirographum, der Normaltypus der Urkunde dieser Zeit, besaß nur die Bedeutung einer Beweisurkunde, deren Beweiskraft allerdings durch Unterlassung der querela non numeratae pecuniae erheblich wuchs. Wenn Justinian diesem Gedanken den Ausdruck gab: sic fit, ut et hodie, dum queri non potest, scriptura obligetur, so ist das allerdings irreführend. Denn es kann den Anschein erwecken, als ob der Umstand, daß der Urkunde nicht (mehr) der Mangel der von ihr bezeugten causa entgegengehalten werden kann, die Urkunde selbst zum abstrakten Verpflichtungsgrund machen, als ob damit das abstrakte Schuldversprechen der Griechen in Gestalt des fiktiven *δάνειον* wiederbelebt und zum Reichsrecht erhoben werden sollte. Allein daß das nicht die Absicht Justinians war, daß der einmal abgestorbene Literalvertrag nicht wieder lebendig ward, dafür kann man sich auf die methodische Sorgfalt berufen, mit der die Kompilatoren jede Spur der Literalverpflichtung aus den Digesten tilgten, sowie auf die wiederholt betonte Unfähigkeit des Chirographums, der klaglosen Vereinbarung, dem pactum Klagbarkeit zu verleihen. Möglich ist nur, daß Justinian absichtlich diese zweideutige Ausdrucksweise wählte, um an der alten Schuleinteilung der Schuldverhältnisse in solche re, verbis, literis, consensu festhalten zu können.

Scheint demnach die Urkunde zwar nicht schuldbegründend gewirkt zu haben, so erleichterte sie doch zumindest wie den Beweis so auch die Disposition über die Forderung. Damit mag zum Teile die anscheinend frühe Entwicklung der Zession im griechischen Rechte zusammenhängen, die das hellenistische Volksrecht des Ostens dem römischen Rechte lange vorauseilen ließ, das die Zession nur langsam und schrittweise anerkannte. Einerseits gewährte man dem „Zessionar" die actio mandati wenigstens als actio utilis, auch nachdem das Mandat durch Tod oder Widerruf erloschen war. Andererseits sprach man ihm, was zuerst Antoninus Pius für den Erbschaftskäufer zugunsten der Erbschaftsforderungen anerkannt hatte, auch ohne daß ihm ein Klagemandat erteilt war, die Klage des Zedenten als actio utilis (suo nomine, mit der Fiktion, daß er Erbe oder daß eine Delegation erfolgt sei?) zu, zunächst (Valerian und Gallienus) wenn er eine einzelne Forderung gekauft oder als Dotalgut erhalten hatte, dann (Diokletian) auch, wenn er eine Forderung in solutum oder vermächtnisweise bekommen hatte, schließlich (Justinian) sogar, wenn ihm eine Forderung geschenkt worden war. Möglicherweise war die actio utilis freilich in all diesen Fällen erst eine Schöpfung der Kompilatoren.

Der Übergang der Forderung ließ auch deren Akzessionen (Pfandrecht, Bürgschaften, beneficia und privilegia causae, der Forderung, nicht personae, des Gläubigers) übergehen, gewährte aber dem Schuldner auch gegenüber dem Zessionar die (causae, nicht bloß personae gegenüber begründeten) Einreden, die er gegen den Zedenten hatte. Der Zedent haftete dem Zessionar für den Bestand (nomen verum), dagegen mangels ausdrücklicher Vereinbarung nicht auch für die Einbringlichkeit (nomen bonum) der Forderung.

Die Vereinfachung der Zession erleichterte andererseits ihren Mißbrauch zur Ausbeutung und Bewucherung geldbedürftiger Gläubiger, die sich genötigt sahen, ihre Forderungen vorzeitig und unverhältnismäßig zu eskomptieren oder anderen abzutreten, die mehr Aussicht hatten, Zahlung vom Schuldner zu erlangen. Das erforderte Gegenmaßregeln. Darum verboten Honorius und Theodosius die Zession an potentiores. Besondere Bedeutung erlangte aber eine Konstitution des Kaisers Anastasius, die sogenannte lex Anastasiana, die dem Zessionar untersagte, vom Schuldner mehr einzutreiben, als er dem Zedenten gegeben hatte. Sie trieb allerdings den Teufel mit Beelzebub aus, insofern sie der Zession jeden wirtschaftlichen Anreiz nahm. Justinian trieb diese Tendenz noch auf die Spitze, indem er denselben Grundsatz auch dann Anwendung finden ließ, wenn die Zession sich als negotium mixtum cum donatione darstellte, wenn sie nur zum Teile gegen Entgelt, zum Teil unentgeltlich erfolgt war.

Der Wucher war natürlich damit nicht umgebracht. Wie das Hemiolion solchen Zwecken nutzbar gemacht wurde, fand schon Erwähnung. Dagegen mußte sich sogar das nizänische Konzil kehren, und Konstantin gestattete es zwar als Zinsquote bei Getreidedarlehen, dagegen nicht mehr für Gelddarlehen, und auch bei jenen sollte — ein Beweis für die Beliebtheit dieses „Kunstgriffes" — der Gläubiger, der die rechtzeitige Annahme des Kapitals verweigerte, um das Hemiolion zu gewinnen, strafweise seiner Forderung verlustig gehen. Eine gesetzliche Reglementierung des Zinsfußes geschah erst wieder durch Justinian, der den Darlehenszins mit sechs Prozent, für Kaufleute mit acht, für illustres mit vier, für Landleute mit vier und ein Sechstel Prozent festsetzte und nur beim fenus nauticum eine Überschreitung dieser Grenze, doch auch nur bis zu zwölf Prozent, gestattete. Auch gebot er dem Zinsenlaufe Stillstand, sobald die rückständigen Zinsen die Höhe des Kapitals erreicht hatten (μηδὲν ὑπὲρ τὸ διπλάσιον καταβάλλεσθαι — ne ultra alterum tantum).

Schriftlichkeit ward in dieser Zeit zur Regel für Verträge aller Art, namentlich auch für den Kauf, so daß Justinian schließlich geradezu einen Kauf sine und cum scriptura unterschied und die Perfektion des nach gesetzlicher Regel oder nach Parteivereinbarung schriftlich zu schließenden Vertrages an den Vollzug der Urkunde knüpfte. Während jedoch der ägyptische Kauf eine zweifache Beurkundung, einmal des obligatorischen Kausalgeschäftes, sodann der Vollzugshandlung, der Auflassung verlangte, ist dieser Dualismus, eine formelle Trennung von Konsensualkauf (ὠνή, πρᾶσις) und Vollzugsgeschäft (καταγραφή, παραχώρησις) schon für das altgriechische Rechtsleben und für das gräkoägyptische Recht der Ptolemäerzeit fraglich, in römischer Zeit schon für Immobiliarkäufe nicht ausnahmslose Regel, geschweige denn für Mobiliarkäufe anzunehmen. Das Reichsrecht vollends kannte diesen Dualismus nicht.

Ebenso verhielt sich zwar das Reichsrecht gegenüber der obligatorischen Kaufbürgschaft ablehnend. Aber nicht bloß lassen ein Reskript Diokletians und selbst noch eine Novelle Justinians das Institut im hellenistischen Rechtsgebiet als gangbaren Gebrauch erscheinen. Konstantin machte es sogar für einen besonderen Fall dem Reichsrechte dienstbar, indem er dem Käufer das Recht gewährte, Bürgenstellung gegen die Gefahr zu verlangen, von dem verkaufenden Vater statt einer frei veräußerlichen eine mit dem Veräußerungsverbote der bona materna belastete Sache zu bekommen. Justinian aber sah sich in der erwähnten Novelle veranlaßt, auch dem — wie er sagt — „sogenannten" Kaufbürgen das beneficium excussionis zu gewähren.

Diese Rechtswohltat hatte auch der „gemeine" Bürge erst von Justinian erhalten, freilich im Anschluß an eine schon längst durch entsprechende Parteivereinbarungen gefestigte Übung und nachdem die aus der Vorausklage des Hauptschuldners dem Gläubiger erwachsende Gefahr durch grundsätzliche Beseitigung der gesamtzerstörenden Wirkung der Litiskontestation für Gesamtschuldner, wie es Hauptschuldner und Bürge waren, behoben war. Das beneficium divisionis ward schon seit Hadrian auch dem fideiussor eigen und in der Praxis wohl auch dem mandator eiusdem pecuniae eingeräumt, rechtlich jedoch anscheinend erst durch die Kompilatoren verallgemeinert. Wenigstens scheint es ihm noch eine Konstitution Diokletians zu verweigern, so daß eine das Gegenteil lehrende Stelle aus Papinians Responsen dem Verdacht der Interpolation unterliegt. Für das constitutum (debiti alieni) wurde es ausdrücklich erst durch Justinian zugestanden. Erst durch ihn erhielten es auch die ἀλλήλων ἔγγυοι (ἀλληλέγγυοι), worunter doch wohl Korrealschuldner, nicht bloß Teilhaftung mit gegenseitiger Bürgschaft zu verstehen ist. Die rechtliche Gleichstellung der verschiedenen Formen der Verbürgung ließ schließlich in Justinians Kompilation auch auf jede terminologische Unterscheidung verzichten. Sie kennt nur mehr den fideiussor. Der sponsor und fidepromissor sind ihr fremd.

Justinian übernahm auch die hellenistische Funktion der arrha ins Reichsrecht und machte dadurch besondere Vereinbarungen dieses Inhalts überflüssig. Er behielt zwar die als argumentum emptionis et venditionis contractae, als Zeichen des Vertragsschlusses hingegebene arrha, die sogenannte arrha confirmatoria in dieser Funktion für den mündlichen Kauf (sine scriptura) bei. Dagegen sollte das Angeld (nur?) beim Schriftvertrage die Bedeutung des Reugeldes haben, wie sie uns bereits aus dem hellenistischen Recht Ägyptens bekannt ist. Die durch den (scheinbaren) Widerspruch zwischen den beiden entscheidenden Quellenstellen, zwischen einer Konstitution des Kodex und einer Bemerkung der Institutionen Justinians angeregte Frage, ob der arrha diese Bedeutung nur contractu imperfecto oder auch contractu perfecto oder nur in diesem letzteren Falle zukomme, ist nach der sichtlich „byzantinischen Urkundensprache", in der die Konstitution verfaßt ist, doch wohl im letzteren Sinne zu beantworten. Denn facienda emptio bedeutete demnach wohl nicht den Konsensualvertrag, der durch das Arrhalgeschäft als Vorvertrag angebahnt werden soll, sondern den Barkauf, der als Vollzug des Arrhalgeschäftes nach griechischer Sitte durch Austausch der dort versprochenen Leistungen erfolgt. Im Kodex und in den Institutionen ist mit anderen Worten derselbe Fall gemeint, die arrha beim Abschlusse des Kaufvertrages. Ob damit auch der hellenistische Standpunkt — nur Arrhal-, nicht Erfüllungsanspruch — akzeptiert war oder ob nicht vielmehr das Reichsrecht den Parteien das Wahlrecht zwischen Erfüllung und den Rechten aus der Hingabe des Handgeldes ließ, darüber fehlt es allerdings an Zeugnissen. Doch scheint das Wahlrecht als Versöhnung des volksrechtlichen mit dem reichsrechtlichen Standpunkte wahrscheinlicher. War die arrha dagegen hingegeben worden, ohne daß der schriftliche Kaufvertrag perfekt geworden war (contractu imperfecto), so konnte es allerdings zu dem Zustande kommen, daß nur Rechte aus der Hingabe der arrha entstanden.

Was die Haftung des Verkäufers für die Beschaffenheit der Kaufsache betrifft, so haben die entscheidenden Änderungen des bisherigen Rechtszustandes durch Justinian bereits seinerzeit Erwähnung gefunden. Griechische Einflüsse sind hier kaum maßgebend geworden. Wenigstens vernachlässigen die sonst überaus gesprächigen Urkunden (Ägyptens) dieses Gebiet in erstaunlicher Weise. Bei Tierkäufen, die neben Sklavenkäufen den Hauptfall des Mobiliarkaufes bildeten, fand hier anscheinend Gewährleistung für Mängel nie statt. Beim Kauf lebloser Sachen wird die Mängelfrage überhaupt nie erwähnt, und auch beim Sklavenkauf erscheint sie gegenüber dem römischen Recht eingeschränkt. Um so dunkler sind die Gründe, die Justinian veranlaßten, die Haftung des Verkäufers für das negative Vertragsinteresse wegen Arglist zu einer Haftung für das positive Vertragsinteresse aus der Tatsache des Mangels als solchen umzugestalten, die Haftung auf das formlose dictum auszudehnen, die Grundsätze des ädilizischen Ediktes ins gemeine Kaufrecht zu übernehmen. Zum Teil mögen „moralische Entrüstung" und der Wunsch nach Vereinheitlichung und Ausgleichung der bestehenden Verschiedenheiten bestimmend gewirkt haben. In erster Linie dürfte es aber das konstruktive Bedürfnis gewesen sein, das die Kompilatoren veranlaßte, das Kaufgeschäft in jeder Beziehung „nach beiden Seiten hin vollwirksam" umzugestalten, weil „überall dort, wo eine bonae fidei actio begründet ist, für den Byzantiner ultro citroque obligatio bestehen mußte".

Byzantinisch war wohl auch erst die Diokletian zugeschriebene Beschränkung des alten Grundsatzes, daß die Bestimmung des Verhältnisses von Ware und Preis im freien Belieben der Parteien stehe. Nun sollte der Verkäufer eines Grundstückes — ob auch der Käufer und ob auch bei Käufen aller Art, lassen die beiden maßgebenden Konstitutionen in Zweifel — Aufhebung des Vertrages begehren können, wenn er nicht einmal die Hälfte des wahren Sachwertes, dessen an Wert bekommen, was er hingegeben hatte, und wenn sich der andere Teil nicht bereit fand (facultas alternativa!), das zum iustum pretium Fehlende nachzutragen, die Differenz zu decken (laesio ultra dimidium, laesio enormis). Die Herkunft der Norm ist unaufgeklärt. Möglicherweise fand sie in orientalischen Rechtsordnungen Anknüpfung. Wenigstens finden sich verwandte Grundsätze im jüdischen Recht.

Die Verpflichtung des Käufers, den Kaufpreis zu zahlen, von der der Käufer bisher schon dann befreit war, wenn ein Rechtsstreit um das Eigentum von einem Dritten gegen ihn anhängig gemacht war (quaestio dominii mota), traf ihn, weil sich dahinter auch bloß die Absicht der Verschleppung verbergen konnte, kraft einer Verfügung Diokletians und Maximians, auch in diesem Falle, sofern der Verkäufer Sicherheit leistete.

Die zunehmende Bedeutung der Schriftlichkeit einerseits und die wachsende Betonung des Willensmomentes andererseits führten allmählich zur Anerkennung neuer „formloser“ Vertragstypen, der sogenannten pacta legitima. Eine Konstitution der Kaiser Theodosius und Valentinian (428) stellte das formlose Dotalversprechen (pactum, pollicitatio dotis) der promissio dotis gleich. Justinian erklärte, anscheinend östlichen Bräuchen folgend, den formlosen Schiedsvertrag (compromissum) für klagbar, wenn die Parteien und der von ihnen erwählte Schiedsrichter (arbiter) ihn eidlich bekräftigten oder wenn die Parteien den Schiedsspruch durch ausdrückliche schriftliche Erklärung oder stillschweigend durch Unterlassung seiner Anfechtung innerhalb zehn Tagen anerkannt hatten. Endlich stattete er das formlose Schenkungsversprechen (pactum donationis) mit Klage aus. Doch blieb dadurch das zuerst von Chlorus geschaffene, dann von Konstantin erweiterte Erfordernis der Insinuation, der Eintragung des Geschäftes in die Amtsakten des Provinzialstatthalters oder der Lokalbehörde vorerst unberührt. Schließlich befreite aber Justinian Schenkungen, erst bis zu dreihundert, dann bis zu fünfhundert Solidi, und gewisse Schenkungen, namentlich die donatio propter nuptias, überhaupt von der Insinuation, deren Beweiskraft er andererseits bis zur Nichtigkeit der ihrer ermangelnden Schenkung steigerte. Das Widerrufsrecht wegen Undankes wurde dem Vater schon von Diokletian, der Mutter unter gewissen Voraussetzungen von Konstantin, den Aszendenten überhaupt von Valentinian III., von Justinian schließlich jedem Schenker aus bestimmten im Gesetz angeführten Gründen gewährt. Doch bestand es nur gegenüber dem Beschenkten selbst, weder gegenüber seinen Erben noch gegenüber Dritten. Dem Patron wurde das Widerrufsrecht gegenüber dem Freigelassenen außerdem von Constantius und Constans wegen nachgeborener Kinder zugestanden.

Schriftlichkeit in Gestalt der Quittung (ἀποχή) war schließlich auch die einzige „formale" Art der Schuldtilgung. Formlos war insbesonders auch die Kompensation, seitdem die Schriftformel und damit die formale exceptio (doli) außer Anwendung gekommen war. Darum war nun die Kompensation ein für alle Arten von Forderungen einheitlicher, nur durch das Erfordernis der Fälligkeit, Gleichartigkeit und Gegenseitigkeit (Ausnahmen einerseits das Aufrechnungsrecht des Bürgen und Korrealschuldners, andererseits das des debitor cessus) der (gültigen) Forderungen bedingter Tilgungsmodus. Es kam für die freie Entscheidung des Richters über die Zulassung der Kompensation namentlich auch nicht auf die Liquidität der Gegenforderung an. Dem dadurch veranlaßten Mißbrauch der Aufrechnung zur Prozeßverschleppung trat Justinian entgegen, indem er die Kompensation ausdrücklich von der Liquidität (leichten Beweisbarkeit) der Gegenforderung abhängig machte. Andererseits räumte er dem Gerichte die Befugnis ein, die Aufrechnung in jeder Lage des Rechtsstreites, gleichgültig wie sie geltend gemacht werden mochte, zugunsten jeder Gegenforderung, auch ex dispari causa, und gegen jeden, selbst gegen einen dinglichen Anspruch, nur nicht gegenüber dem Anspruche des Deponenten auf Herausgabe des Depots zuzulassen. Das und nichts anderes (weder Erlöschen von Forderung und Gegenforderung durch die Tatsache des Gegenüberstehens noch Aufrechnung von Amts wegen ohne Rücksicht auf ein förmliches Ansuchen der Partei) bedeutet wohl seine viel umstrittene Norm: ipso iure compensatur.

Prozessualer Natur war auch die dem klassischen Rechte noch fremde, erst durch eine Konstitution der Kaiser Honorius und Theodosius (424) zu einem allgemeinen Rechtsinstitut erhobene Zerstörung der Schuldverhältnisse durch Anspruchsverjährung. Die Zivilklagen waren von Haus aus unverjährbar, nur die actiones honorariae erloschen grundsätzlich nach Ablauf eines Jahres (annus utilis, wohl nicht ratione cursus, sondern ratione initii). Bloß ausnahmsweise war auch für einzelne Zivilklagen wie für die Klage gegen den sponsor durch die lex Furia eine Frist gesetzt. Dagegen enthielt das ägyptische Provinzialedikt schon fast vierhundert Jahre vor Theodosius eine Bestimmung über fünf- und zehnjährige Schuldverjährung, die zweifellos auf griechisches Recht zurückging und daher wohl als übernommenes altes Personalrecht nur für die Griechen Ägyptens galt, aber hier wie in anderen griechischen Gebieten vermutlich auch nach der constitutio Antonina — Beweis dafür eine große Zahl ablehnender Kaiserkonstitutionen aus dem dritten Jahrhundert — um Geltung rang und schließlich in der dreißigjährigen, vom Augenblicke der Anstellbarkeit der Klage (actio nata) an laufenden Anspruchsverjährung, die jene Konstitution schuf, reichsrechtliche Anerkennung fand. Justinian unterwarf ihr schließlich auch Ansprüche Privater gegen den Fiskus und der Kurialen gegen die Stadtgemeinde, die Anastasius noch ausdrücklich davon ausgenommen hatte.

Einen mit der eigentümlichen wirtschaftlichen Gestaltung dieser Spätzeit zusammenhängenden Erlöschungsgrund bildete endlich die Abtretung der Forderung an einen potentior, an eine durch soziale Macht und Ansehen hervorragende Persönlichkeit, deren Übergewicht dem Schuldner gefährlich zu werden drohte. Wie Honorius und Theodosius durch das Verbot der Zession (422), so kamen bereits Marcus Aurelius Claudius (zwischen 268 und 270) sowie Arcadius und Honorius (400) in anderer Richtung dem Schutzbedürfnisse entgegen, das die überragende Stellung der potentiores selbst auf dem Gebiete der Rechtspflege fühlbar machte. Doch setzten solche Maßregeln eben Verhältnisse voraus, wie sie zur Zeit der klassischen Rechtswissenschaft kaum noch typisch waren. Darum hat wohl Mitteis mit der Vermutung das Richtige getroffen, daß überall dort, wo bereits in den Digesten Justinians „die Standesverschiedenheit als Faktor des Rechtsschutzes in Rechnung gestellt" erscheint, Interpolation vorliege.

Viertes Kapitel: Nachfolge von Todes wegen.

Auch das Erbrecht vermochte sich auf die Dauer nicht dem orientalischen Geiste zu entziehen. Er machte sich schließlich schon in der grundsätzlichen Auffassung des Erbrechtes geltend, insofern die Vorstellung der successio in (universum) ius allmählich durch die einer Nachfolge in die einzelnen ein Ganzes bildenden Vermögensstücke verdrängt und der Begriff der successio nicht mehr wie nach klassischem Recht auf den Erben beschränkt, sondern auch auf den Singularsukzessor ausgedehnt wurde. Auf dem Gebiete des Intestaterbrechtes vollendete sich allmählich der Sieg der Kognation über das Agnatenerbrecht. Im Rahmen des testamentarischen Erbrechtes vollzog sich immer energischer der auch anderwärts allgemein zu beobachtende Übergang vom altrömischen Formzwang zur ungebundenen Formlosigkeit des Ostens. Die Duplizität der zivilen hereditas und der bonorum possessio des Prätors wurde zwar erst durch Justinians novellarische Erbrechtsreform endgültig beseitigt. Praktische Bedeutung kam ihr aber schon während dieser ganzen Zeit kaum mehr zu.

In der zivilen Anerkennung des Kognatenerbrechtes war die grundsätzliche Bedeutung des S. C. Tertullianum und Orfitianum gelegen. An sie knüpfte denn auch die weitere Entwicklung des Erbrechtes in dieser Richtung an. Wie schwer sich das Zivilrecht an diese Vorstellung gewöhnte, zeigt eine Reihe von Kaisererlässen aus der unmittelbar folgenden Zeit, die diese Senatsschlüsse zum Teil einschränkend zu interpretieren versuchten, aber wegen ihrer ziemlich ephemeren Bedeutung mit Stillschweigen übergangen werden konnten. Mit Konstantin hub dagegen die entgegengesetzte Tendenz an. Er machte das Erbrecht der Mutter wenigstens teilweise von der Qualifikation des ius liberorum unabhängig. Noch weiter gingen in dieser Richtung Valens zunächst für den

Osten, Valentinian dann auch für die westliche Reichshälfte. Justinian sah schließlich von dieser Voraussetzung gänzlich ab. Ebenso dehnte eine Verfügung der Kaiser Valentinian, Theodosius und Arcadius das Erbrecht des S. C. Orfitianum auf die Enkel und auf die mütterliche Aszendenz überhaupt aus. Anastasius ließ dieses kognatische Erbrecht sodann auch der Seitenverwandtschaft zugute kommen, indem er die emanzipierten neben den agnatischen Geschwistern berief. Die von ihm noch verfügte Beschränkung der emanzipierten auf die Hälfte des einem agnatischen Geschwisterteile zufallenden Erbteiles hob Justinian auf, der zugleich dasselbe Recht mütterlicherseits halbbürtigen Geschwistern (uterini), die von Haus aus nur Kognaten waren, und den Deszendenten ersten Grades solcher halbbürtiger und emanzipierter Geschwister gewährte. Er erkannte ferner auch den durch adoptio minus plena angenommenen Kindern ein Erbrecht nach ihrem natürlichen Vater neben sui und Emanzipierten zu und hob die Voconiana ratione für das Erbrecht der Frauen bestehenden Beschränkungen auf.

Nicht so sehr eine Erweiterung des Erbrechtes als vielmehr eine solche des vererbbaren Vermögens bedeutete dagegen die Anerkennung eines gesetzlichen Erbrechtes in die bona adventicia durch Theodosius und Valentinian, in das peculium castrense und quasi castrense durch Justinian. Ebenso erfuhr das Erbrecht nach Freigelassenen zwar noch mancherlei Modifikationen, doch ohne daß diese Wandlungen in einem Wechsel der Auffassung über das Verhältnis zwischen Patron und Freigelassenen ihren Grund gehabt hätten.

Im großen und ganzen zeigt sich in dieser Zeit ein entschiedener Zug zum Kognatenerbrecht. Aber es trat immer noch als die Ausnahme, als das Besondere auf. Die Grundlagen der gesetzlichen Erbfolge blieben vorerst unangetastet. Den offiziellen Bruch mit dem alten Zivilrecht bedeutet erst Justinians Erbrechtsnovelle (118). Sie baute das Intestaterbrecht vollständig und grundsätzlich auf der Kognation auf.

Sie unterschied vier Klassen. Die erste Klasse bildeten die Deszendenten (einschließlich der demnach in der Adoptiv- und in der eigenen Familie erbberechtigten Adoptivkinder), die unter Ausschluß des Näheren durch den Entfernteren nach stirpes (Repräsentationsrecht) erbten. Die zweite Klasse machten die Aszendenten aus, die nach Linien (väterlicher- und mütterlicherseits) ebenfalls dem Grade nach, und zwar ohne Repräsentationsrecht erbten, und die vollbürtigen Geschwister (in capita) und Geschwisterkinder (in stirpes), welch letztere zunächst nur neben Geschwistern, später (Novelle 127) auch neben Aszendenten berufen wurden. In der dritten Klasse standen die halbbürtigen Geschwister und Geschwisterkinder. In der vierten folgten alle übrigen Seitenverwandten (Kognaten) ohne Beschränkung und ohne Unterschied zwischen voll- und halbbürtiger Verwandtschaft, nach der Gradesnähe und nach Köpfen. Für alle Klassen galt der Grundsatz der successio graduum et ordinum (sogenannte sukzessive Delation). Nur in Ermangelung jeder Verwandtschaft hatte der überlebende Ehegatte ein Erbrecht. Bloß die arme Witwe erhielt ohne Rücksicht auf die sonstigen Normen des Erbrechtes ein Viertel des Nachlasses, doch nicht mehr als hundert Pfund Goldes, neben eigenen Kindern jedoch nur zum Fruchtgenuß, neben mehr als drei Kindern überdies bloß einen Kopfteil, in allen Fällen vorausgesetzt, daß sie bis zum Tode des wohlhabenden (locuples) Mannes in Ehegemeinschaft mit ihm gelebt hatte. Ebenso erhielten Konkubinenkinder in Ermangelung gesetzlicher Deszendenten zusammen mit der Konkubine, doch auch wenn sie bereits gestorben war, zwei Zwölftel des Nachlasses ihres natürlichen Vaters.

War der Nachlaß völlig erblos, so fiel er nach wie vor dem Staate zu. Im Laufe des vierten und fünften Jahrhunderts wurde jedoch gewissen Korporationen ein Erbrecht nach ihren Mitgliedern zuerkannt, das dem des Staates vorging. Dem

Regiment (legio, vexillatio) nach dem Soldaten, der Kurie nach dem Dekurio, dem Kollegium der navicularii und fabricenses nach ihren Angehörigen, der Kirche oder dem Kloster nach Geistlichen u. a. m.

Der äußere Formalismus des Testamentes hatte schon vorlängst einen heftigen Stoß erhalten, als der Prätor auf Grund der von sieben Zeugen gefertigten letztwilligen Erklärung die bonorum possessio secundum tabulas verheißen hatte, ohne nach dem Manzipationsakte zu fragen. Auf dieser Grundlage fortbauend gelangte das spätere Kaiserrecht zum testamentum tripertitum des Theodosius (439), so genannt, weil es sich aus Elementen des alten Manzipations- und des prätorischen Testamentes sowie aus gewissen Neuerungen zusammensetzte, einer dreifachen Quelle entsprang. Es war eine schriftliche Erklärung des letzten Willens, die überdies auf eine andere, nicht an die Testamentsform gebundene Urkunde verweisen konnte (testamentum mysticum). Der Erblasser mußte sie als seine letzte Willenserklärung sieben testes rogati vorlegen, damit sie der eigenhändigen obsignatio (durch Siegel [signum] und Beisetzung des Namens [adscriptio, superscriptio]) und subscriptio des Erblassers oder, wenn er nicht schreiben konnte, eines achten Zeugen (octavus subscriptor) ihre eigenen Unterschriften und Siegel beisetzten. An Stelle des schriftlichen Testamentes konnte auch eine mündliche Erklärung des letzten Willens vor (in conspectu) sieben (ursprünglich vielleicht bloß fünf) testes rogati erfolgen (testamentum nuncupativum).

Neben diesen privaten Testamentsformen entstanden auch zwei Arten des öffentlichen Testamentes: das sogenannte testamentum apud acta conditum, die mündliche Erklärung des letzten Willens zu Protokoll vor der Munizipalbehörde, wie das im griechischen Osten schon längst üblich war, reichsrechtlich zum ersten Male durch eine Konstitution vom Jahre

397 für Konstantinopel bezeugt ist, und das testamentum principi oblatum, die Übergabe der schriftlichen Erklärung des letzten Willens an den Regenten zur Aufbewahrung in seinem Archiv (scrinia), die ebenfalls schon durch Honorius und Theodosius zur Geltung gebracht wurde.

Ausnahmsweise waren einfachere Formen gestattet. In gewissen Fällen traten Erschwerungen der ordentlichen Testamentsform ein. Von altersher privilegiert war das Testament der Soldaten, nicht bloß der äußeren Form, sondern auch seinem Inhalte nach, wohl nicht so sehr um ihrer simplicitas willen, als vielmehr deshalb, weil sie sich zum großen Teil aus den Reihen der Nichtrömer und Neubürger rekrutierten und darum ihren angestammten Bräuchen anhingen, die wohl vornehmlich griechischen Ursprunges waren und vermutlich das Soldatentestament zu einer der Hauptpforten für das Eindringen des griechischen in das römische Erbrecht machten. Im einzelnen erfuhr dieses schon längst mit der größten Weitherzigkeit zugelassene Sonderrecht keine grundsätzliche Änderung mehr. Justinian schränkte es im Gegenteil ein, indem er es nur mehr den Soldaten im Felde (in expeditionibus occupati) gewährte. Für das testamentum tempore pestis conditum verzichtete schon eine Konstitution der Kaiser Diokletian und Maximian auf die unmittelbare Gegenwart der Zeugen. Für das testamentum ruri conditum begnügte sich wenigstens Justinian mit fünf Zeugen, von denen bloß einer schreibkundig zu sein und zu unterschreiben brauchte. Von jeder Form befreit wurde durch eine Novelle Valentinians III. die eigenhändige Niederschrift des letzten Willens durch den Erblasser (holographa manu, testamentum holographum). Es bedurfte keiner Zuziehung von Zeugen. Das justinianische Recht ließ jedoch dieses formlose holographe Testament, in dem nur wenigstens die wesentlichen Teile der Erklärung, Datum, Namen der Bedachten und Bezeichnung ihrer Erbteile, von der Hand des Erblassers herrühren mußten, bloß als testamentum parentum inter liberos, als letztwillige Verfügung des Aszendenten zugunsten seiner Deszendenten und nur, soweit es sie betraf, gelten. Die divisio parentum inter liberos (des justinianischen Rechtes) war ein negotium inter vivos, eine in Schriftform mit den Unterschriften des Aszendenten und der Deszendenten errichtete Teilungsurkunde. Erschwert war das Testament der Blinden, für das Justinian die Zuziehung eines tabularius, die Erklärung des letzten Willens vor ihm und vor sieben Zeugen und dessen schriftliche Fixierung durch den tabularius oder die Vorlesung der vorher verfaßten Urkunde durch den Notar vor sieben Zeugen und die ausdrückliche Erklärung des Erblassers, daß es sich um seinen letzten Willen handle, verlangte.

Noch weniger als der äußere Formalismus hielten die inneren Solennitäten des Testamentes den östlichen Einflüssen stand. Schon Konstantin ließ das Erfordernis der verba directa imperativa für die Erbeinsetzung fallen. Theodosius und Valentinian gestatteten dann den Gebrauch der griechischen Sprache, und Justinian sah schließlich auch davon ab, daß die Erbeinsetzung als caput et fundamentum totius testamenti an der Spitze der letztwilligen Erklärung stehen müsse.

Auf den eingangs angedeuteten Wandel in der Auffassung des Erbrechtes als solchen mag zum Teile die veränderte Behandlung der heredis institutio ex re certa und des Akkreszenzrechtes in dieser Zeit zurückgehen. Anscheinend schon unter dem Einflusse Papinians war es, wenn sämtliche Erben ex re certa berufen waren, üblich geworden, ihnen die ausdrücklich zugedachten Sachen zuzuweisen und den Rest der Erbschaft verhältnismäßig unter sie aufzuteilen, wenn nur einzelne ex re certa, die übrigen unbeschränkt berufen waren, jenen nur die res certa zuzuweisen, in jedem Fall aber die als „Erben" Berufenen auch — namentlich hinsichtlich der Schuldenhaftung — als Erben zu behandeln. Justinian verfügte jedoch für diesen letzteren Fall, daß nur die ex certa parte oder sine parte Berufenen in die Forderungen und Schulden des Erblassers nachfolgen, daß die heredes ex re certa dagegen in dieser — doch nur in dieser — Hinsicht als Legatare gelten sollten. Daran anknüpfend lehrten die Kompilatoren, daß die Erben dann, wenn sie alle ex re certa berufen wären, als Erben und die jedem zugedachte res certa als ein Prälegat zu seinen Gunsten angesehen werden solle. Nur für den Fall, daß überhaupt bloß ein Erbe und dieser ex re certa berufen war, galt bis in die spätesten Zeiten die alte Regel. Er wurde Universalerbe und die Beschränkung galt als nicht beigesetzt.

Das Akkreszenzrecht kehrte einerseits dank der Aufhebung der Inkapazität der caelibes und orbi durch die christlichen Kaiser und schließlich infolge der vollständigen Beseitigung der vindicatio caducorum durch Justinian zu seinen ursprünglichen einfacheren Formen zurück. Andererseits verwandelte sich die Regel portio sine onere accrescit allmählich in ihr Gegenteil. Schon ein Reskript der Kaiser Severus und Caracalla hatte verfügt, daß der Substitut die dem Eingesetzten auferlegten Fideikommisse erfüllen müsse, sofern nicht der Erblasser ausdrücklich das Gegenteil verfügt habe. Seitdem nahm die Praxis analog an, daß auch durch Akkreszenz die dem anwachsenden Erbteil auferlegten Lasten im Zweifel mitübergehen. Das erhob dann Justinian zur allgemeinen Rechtsregel.

Bedingung und Befristung der letztwilligen Zuwendungen, insbesondere die verschiedenen Formen der Substitution folgten im großen ganzen den gewohnten Regeln. Als Neuerscheinung trat zu den bisherigen Formen nur die sogenannte Quasipupillarsubstitution hinzu, die Berufung eines Erben für den geisteskranken Deszendenten durch den väterlichen oder mütterlichen Aszendenten für den Fall, daß er in geistiger Umnachtung sterben sollte. Gelegentlich schon früher kraft kaiserlichen Privileges für einzelne Fälle gestattet, wurde sie erst von Justinian allgemein zugelassen. Der geisteskranke Deszendent mußte wenigstens seinen gesetzlichen Erbteil erhalten. Der Substitut mußte ein Deszendent des geisteskranken Erben oder, wenn es an einem solchen fehlte, des Erblassers sein. Nur wenn auch ein solcher nicht vorhanden war, stand dem Erblasser die Wahl des Substituten gänzlich frei. Die Substitution wurde hinfällig, wenn der Geisteskranke gesundete, wenn er vor dem Erblasser starb oder wenn das Testament überhaupt kraftlos wurde.

Kraftlos wurde das Testament nach wie vor teils ohne oder selbst gegen den Willen des Erblassers, teils durch dessen Willkür. Die willkürliche Aufhebung des Testamentes, der Widerruf erfolgte auch jetzt normalerweise durch Errichtung eines neuen gültigen Testamentes. Theodosius und Valentianus ließen (439) diese Wirkung aber selbst durch ein formell unvollkommenes Testament herbeiführen, wenn es die im ersten Testament übergangenen Intestaterben berief, sofern nur fünf Zeugen beschworen, daß es sich um ein neues Testament handle, an dessen Vollendung der Erblasser (durch seinen Tod u. a. m.) gehindert wurde. Das neue „Testament" war keines. Es hob daher zwar kraft dieser Norm das alte auf, führte aber seinerseits nicht zur testamentarischen Erbfolge. Es kam vielmehr zur gesetzlichen Erbfolge. Das zweite „Testament" fand nur als Intestatkodizill Berücksichtigung. Theodosius und Honorius ließen gar den „Widerruf" des Testamentes von selbst nach Ablauf von zehn Jahren eintreten. Dagegen stellte sich Justinian wohl mit mehr Recht auf den Standpunkt, daß die Unterlassung des

Widerrufes als fortdauernde Anerkennung des Testamentes anzusehen sei. Nur begnügte er sich nach Ablauf dieser Frist mit der Erklärung des Widerrufs vor Gericht oder vor drei Zeugen.

Von den „unwillkürlichen" Umständen, die dem Testament Abbruch tun, verdient für diese Zeit nur das Noterbrecht Beachtung. In formeller Hinsicht kam die Abschwächung des Formalismus der Erbeinsetzung auch der Enterbung zugute. Wenigstens erklärte Justinian schließlich, daß es nicht mehr auf den ausdrücklichen Gebrauch des Wortes „exheres" ankomme und daß die Enterbung an jeder beliebigen Stelle des Testamentes geschehen könne. Dagegen verlangte er für jeden Noterben ausdrückliche Enterbung (nominatim) und stellte die Übergehung (Präterierung) der Tochter und des Enkels der des Sohnes gleich. In materieller Hinsicht konkretisierte sich der Kreis der Pflichtteilsberechtigten schon seit dem dritten Jahrhundert allmählich in den Deszendenten, Aszendenten und Geschwistern. Nur wurde im Laufe des vierten Jahrhunderts das Recht der letzteren auf den Fall beschränkt, daß ihnen eine persona turpis vorgezogen war. Als Maß des Pflichtteiles hatte sich schon seit Domitian die Quarta (legitimae partis) durchgesetzt. Eine Änderung traf erst Justinian, der ihn für Deszendenten mit einem Drittel oder mit der Hälfte festsetzte, je nachdem es höchstens vier oder mehr als vier waren. Eingerechnet wurde wohl von jeher, was der Enterbte aus anderem Titel, durch Legat, Fideikommiß usw. mortis causa erhielt. Justinian stellte dem auch Empfänge inter vivos gleich. Doch konnte der Pflichtteil in beliebiger Form, als Erbteil, als Vermächtnis oder aus anderem Titel zugewendet werden. Beschwerungen des Pflichtteiles galten als nicht beigesetzt. Nur konnte der Erblasser die den Pflichtteil übersteigende Zuwendung als ganze mit der Bestimmung beschweren, daß der Erbe, falls er die Beschwerung ablehnte, auf den Pflichtteil beschränkt sein sollte (nach einem italienischen Juristen des 16. Jahrhunderts sogenannte cautela Socini). Schließlich (Novelle 115) verschmolz Justinian, vermutlich von griechischen Einflüssen beherrscht, das materielle mit dem formellen Noterbrecht, indem er die Einsetzung der Pflichtteilsberechtigten zu Erben verlangte, die Enterbung nur aus bestimmten, im Testament anzuführenden Gründen gestattete. Die Rechtsfolgen der Verletzung des Noterbrechtes waren jedoch nun zum Teil andere als ehedem. Während die querela inofficiosi testamenti von Haus aus Vernichtung des pflichtwidrigen Testamentes und Eröffnung der Intestaterbfolge nach sich zog, verfügte schon Konstantin, daß jedesmal dann, wenn der Erblasser die allfällige Verkürzung eines Pflichtteilberechtigten arbitratu boni viri auszugleichen verfügt hatte, an Stelle der Vernichtung des Testamentes die bloße Ergänzung des Pflichtteiles (actio ad supplendam legitimam) treten sollte. Das wurde dann auch ohne Anordnung des Erblassers für jeden Fall einer bloßen Verkürzung des Pflichtteiles rechtens. Auch die Querel selbst hatte schließlich nicht mehr die Zerstörung des Testamentes zur Folge, sondern setzte bloß den Pflichtteilsberechtigten an Stelle des zu Unrecht eingesetzten Erben.

Wie der Pflichtteilsberechtigte sich einrechnen lassen mußte, was er aus anderem Titel vom Erblasser erhalten hatte, so fand man es allmählich recht und billig, daß der Erbe überhaupt sich anrechnen lasse, was er vom Erblasser schon bei dessen Lebzeiten vorausempfangen hatte. Diesen Gedanken legte schon Gordian (239) der collatio dotis zugrunde, indem er sie der Tochter (bezüglich der dos profecticia) als Erbin des Vaters auch im Verhältnisse zu emanzipierten Geschwistern zur Pflicht machte. Daraus entwickelte sich die allgemeine Deszendentenkollation (collatio descendentium), die Kaiser Leo (472) für die dos und donatio ante nuptias, Justinian für die militia und zwar auch bei testamentarischer Erbfolge verfügte, wenn sie der Erblasser nicht ausdrücklich ausgeschlossen hatte.

Im Vermächtnisrechte machte der Ausgleich zwischen Legaten und Fideikommissen immer größere Fortschritte. Einerseits infolge der Verallgemeinerung der extraordinaria cognitio, die nun beide Vermächtnisformen derselben Gerichtsbarkeit unterwarf. Andererseits infolge der schon früher begonnenen Beschränkung der ursprünglichen Ungebundenheit der Fideikommisse. Insbesondere wurde seit Konstantin für die schriftliche Anordnung eines Fideikommisses die Zuziehung von sieben Zeugen wenigstens zum Intestalkodizill, von Theodosius II. für jedes Kodizill verlangt. Erst Justinian begnügte sich mit fünf Zeugen (testes rogati oder auch nur qui fortuito venerunt). Auch ersetzte er den Formmangel durch den dem Belasteten vom Bedachten, der seinerseits ein iusiurandum calumniae leistete, zugeschobenen Eid über die geschehene Zuwendung (Oralfideikommiß). Immerhin bestand bis auf Justinian zwischen Legat und Fideikommiß noch der wesentliche Unterschied, daß ein Legat nur dem Testamentserben, ein Fideikommiß jedem auferlegt werden konnte, der mortis causa etwas aus der Erbschaft erhielt. Schon darum ist die Ulpian in den Mund gelegte Erklärung: per omnia exaequata sunt legata fideicommissis doch wohl erst Kompilatorenwerk. Seitdem gab es in der Tat nur mehr eine Art von Vermächtnissen, die man Legate (oder Fideikommisse) nannte, die aber ihrem Wesen nach Fideikommisse waren, nur daß nun auch dieses Fideikommiß die dingliche Legatwirkung haben konnte.

Justinian vereinfachte auch die etwas verwickelten Rechtsverhälnisse des Universalfideikommisses, indem er das S. C. Pegasianum fallen ließ und sich mit dem S. C. Trebellianum begnügte. Der Universalfideikommissar sollte in jedem Falle heredis loco stehen, der Belastete aber auch stets, sofern er nicht erst gezwungen die Erbschaft angetreten hatte, das Anrecht auf die Quarta behalten, die nun Trebelliana hieß. Doch stellte er das Recht der Quarta überhaupt auf eine neue Grundlage, indem er dem Erblasser in jedem Falle gestattete, dem Erben den Abzug der Quarta zu verbieten, und den Erben strafweise das Rechtes auf die Quarta verlustig erklärte, wenn er es unterlassen hatte, ein Nachlaßinventar zu errichten, oder wenn er versucht hatte, den Legatar um sein Vermächtnis zu bringen.

Dieselbe ausgleichende Tendenz machte sich schon längst auch im Verhältnisse zwischen Vermächtnis und mortis causa donatio geltend. Bereits früher hatte man die Schenkung auf den Todesfall den Kaduzitätsgesetzen, den Grundsätzen der Akkreszenz, der cautio Muciana und dem Pflichtteilsrecht unterworfen. Auch der mortis causa Beschenkte konnte mit Fideikommissen belastet werden. Justinian befreite die Schenkung auf den Todesfall endlich auch von der Insinuationspflicht, wenn sie vor fünf Zeugen errichtet war. Immerhin unterschied sie sich vom Vermächtnis noch dadurch, daß sie ein Geschäft unter Lebenden und darum von der testamenti factio beider Parteien unabhängig, nicht an das Vorhandensein eines Erben, an die Eröffnung des Erbganges gebunden war, resolutiv bedingt schon bei Lebzeiten des Zuwendenden in Wirksamkeit trat.

Die Fähigkeit zu letztwilligen Verfügungen und zum Erwerbe von Todes wegen erfuhr infolge der verschiedenen sozialen und politischen Wandlungen dieser Zeit manche bemerkenswerte Änderung. Zunächst erlangten die Frauen die Fähigkeit in stets zunehmendem Maße. Schon seit Hadrian besaß die Frau sui iuris das Recht, tutore auctore zu testieren. Das ius liberorum gewährte ihr dieses Recht sogar ohne Mitwirkung des Vormundes. Mit dem Verschwinden der Geschlechtsvormundschaft erlangte die Frau schließlich volle Testierfreiheit. Dagegen blieb der Haussohn bis in die späteste Zeit verfügungsunfähig. Eine Ausnahme galt nur für das peculium castrense. Selbst für das peculium quasi castrense verlieh ihm erst Justinian Testierfähigkeit. Umgekehrt wurden unter dem Einflusse des Christentums Häretiker und Apostaten vollständig oder wenigstens teilweise für testierunfähig erklärt. Dagegen verlieh Konstantin Kastraten die ihnen bis dahin fehlende Testierfähigkeit.

Häretiker und Apostaten waren auch erbunfähig. Andererseits erlangten jedoch nun manche Personen die ihnen vordem fehlende Erbfähigkeit. Das gilt in erster Linie von gewissen juristischen Personen. Durch Kaiser Leo wurden erbfähig sämtliche Munizipien, durch Justinian alle Kollegien, seit Anerkennung des Christentumes die Kirche als Ganzes, die einzelnen Kirchen und frommen Stiftungen. In diesem Sinne legte man insbesondere auch die Einsetzung Gottes, Christi, der Erzengel, der Heiligen oder Märtyrer aus. Ebenso konnten nunmehr Mehrheiten von Personen, die nicht den Charakter einer juristischen Person hatten, die Armen, die Geistlichkeit, die Ärzte einer Stadt usw. berufen werden. Dagegen hielt man an der Unmöglichkeit der Einsetzung einer persona incerta (z. B. qui primus ad funus meum venerit) fest.

Die Inkapazität der caelibes und orbi gegenüber der Erbschaft eines Dritten wurde schon durch Konstantin, im Verhältnisse zwischen Ehegatten durch Honorius und Theodosius beseitigt. Für Latini Iuniani erhielt sie sich (wenigstens theoretisch) bis auf Justinian. Für feminae probrosae sogar noch in dessen Gesetzgebung.

Auch jetzt mußte zur Berufung grundsätzlich der Erwerb der Erbschaft hinzutreten, um dem Erben wirklich die Erbschaft zu verschaffen. Nur wurde in stets steigendem Maße dem Erben des Erben die Möglichkeit zuerkannt, den von diesem unterlassenen Erwerb vorzunehmen. Zunächst gestatteten Theodosius und Valentinian dem Vater des als infans verstorbenen Erben, der daher nicht mehr in die Lage gekommen war, selbst anzutreten, an seiner Statt zu erwerben, selbst wenn der infans nicht seiner patria potestas unterworfen war — transmissio ex capite infantiae. Daran reihte sich alsbald die sogenannte transmissio Theodosiana, die im Hinblick auf die Bestimmung der lex Papia, wonach Erwerb der Erbschaft erst nach Eröffnung des Testamentes möglich war, dem Erben des Berufenen den Erwerb an dessen Stelle gestattete, wenn er vor der Testamentseröffnung gestorben war. Justinian nahm der Testamentseröffnung zwar diese Bedeutung und ließ die Berufung wie ehedem mit dem Tode des Erblassers eintreten, der nun auch wieder den dies cedens der Legate bedeutete. Aber er ließ trotzdem diesen Transmissionsfall unberührt. Überdies machte er die Berufung geradezu ganz allgemein vererblich, indem er verfügte, daß der Erbe des vor dem Erwerb der Erbschaft verstorbenen Berufenen, mochte es sich um gesetzliche oder testamentarische Erbfolge handeln, innerhalb eines Jahres an dessen Statt erwerben könne (transmissio Iustinianea). Auch gestattete er dem Vater den Erwerb der vom Sohn ausgeschlagenen Erbschaft (transmissio ex iure patris). Nicht eigentlich Transmission war dagegen die sogenannte transmissio ex iure suitatis, kraft deren dem Enkel das beneficium abstinendi gegenüber der Erbschaft des Großvaters gewährt wurde, der ohne Wissen seines inzwischen ebenfalls verstorbenen Sohnes gestorben war.

Was den Erwerbsakt selbst betrifft, so wurde die cretio schon zu Beginn des fünften Jahrhunderts (407), doch zunächst nur für die einem gewaltunterworfenen Haussohne zugefallene Erbschaft, von Justinian überhaupt abgeschafft. Die Regel bildete in dieser Zeit die pro herede gestio, der gegenüber die sogenannte aditio durch ausdrückliche, aber formlose Erklärung vielleicht nur volksrechtliche Bedeutung hatte, erst durch Justinian zum Reichsrecht erhoben wurde.

Die usucapio pro herede war als Form des Erbschaftserwerbes bekanntlich schon durch Mark Aurel, der sie zum crimen expilatae hereditatis stempelte, ausgemerzt worden. Eine usucapio pro herede gab es nun — wenigstens nach Justinian — bloß insofern, als der Erbe Sachen, die er irrtümlich als Erbschaftssachen in Besitz nahm, nach den Regeln der ordentlichen Ersitzung kraft eines ihm zuerkannten Titels (pro herede, eigentlich pro suo) erwarb und als der vermeintliche Erbe nun ebenfalls die von ihm in Besitz genommenen Erbschaftssachen aus solchem Titel ersitzen konnte.

Die Haftung des Erben für Nachlaßschulden ohne Rücksicht auf den Umfang der Nachlaßaktiven war von jeher das charakteristische Merkmal des römischen Begriffes der Universalsukzession. Ein erstes Zugeständnis an die davon abweichende Auffassung des Ostens war vielleicht die Beschränkung der Haftung auf die Nachlaßaktiven für Soldaten durch Gordian. Daran anknüpfend führte Justinian (531) das beneficium inventarii ein, kraft dessen der Erbe, der auf ein spatium deliberandi verzichtete und binnen dreißig Tagen (von seiner Berufung gerechnet) ein Nachlaßinventar in Angriff nahm und innerhalb von weiteren sechzig Tagen abschloß, nicht ultra vires hereditatis haftete.

Namenregister.

Sachregister.

Sammlung Göschen

Jeder Band in Leinw. geb. **90 Pf.**

Verzeichnis der bis jetzt erschienenen Bände

Abwässer. Wasser und Abwässer. Ihre Zusammensetzung, Beurteilung u. Untersuchung von Professor Dr. Emil Haselhoff, Vorsteher der landw. Versuchsstation in Marburg in Hessen. Nr. 473.

Ackerbau- u. Pflanzenbaulehre v. Dr. Paul Rippert i. Essen u. Ernst Langenbeck, Gr.-Lichterfelde. Nr. 232.

Agrarwesen und Agrarpolitik von Prof. Dr. W. Wygodzinski in Bonn. 2 Bändchen. **I: Boden u. Unternehmung.** Nr. 592.

— — **II: Kapital u. Arbeit in der Landwirtschaft. Verwertung der landwirtschaftl. Produkte. Organisation des landwirtschaftl. Berufsstandes.** Nr. 593.

Agrikulturchemie I: Pflanzenernährung v. Dr. Karl Grauer. Nr. 329.

Agrikulturchemische Kontrollwesen, Das, v. Dr. Paul Krische in Leopoldshall-Staßfurt. Nr. 304.

— **Untersuchungsmethoden** von Prof. Dr. Emil Haselhoff, Vorsteher der landwirtschaftl. Versuchsstation in Marburg in Hessen. Nr. 470.

Akkumulatoren, Die, für Elektrizität v. Kais. Reg.-Rat Dr.-Ing. Richard Albrecht in Berlin-Zehlendorf. Mit 52 Figuren. Nr. 620.

Akustik. Theoret. Physik I: Mechanik u. Akustik. Von Dr. Gustav Jäger, Prof. an d. Techn. Hochschule in Wien. Mit 19 Abb. Nr. 76.

— **Musikalische,** von Professor Dr. Karl L. Schäfer in Berlin. Mit 36 Abbild. Nr. 21.

Algebra. Arithmetik und Algebra von Dr. H. Schubert, Professor an der Gelehrtenschule des Johanneums in Hamburg. Nr. 47.

Algebra. Beispielsammlung z. Arithmetik und Algebra von Dr. Herm. Schubert, Prof. a. d. Gelehrtenschule d. Johanneums i. Hamburg. Nr. 48.

Algebraische Kurven v. Eugen Beutel, Oberreallehrer in Vaihingen-Enz. **I: Kurvendiskussion.** Mit 57 Fig. im Text. Nr. 435.

— — **II: Theorie u. Kurven dritter u. vierter Ordnung.** Mit 52 Fig. im Text. Nr. 436.

Alpen, Die, von Dr. Rob. Sieger, Professor an der Universität Graz. Mit 19 Abb. u. 1 Karte. Nr. 129.

Althochdeutsche Literatur mit Grammatik, Übersetzung u. Erläuterungen v. Th. Schauffler, Prof. am Realgymnasium in Ulm. Nr. 28.

Alttestamentl. Religionsgeschichte von D. Dr. Max Löhr, Professor an der Universität Königsberg. Nr. 292.

Amphibien. Das Tierreich III: Reptilien u. Amphibien v. Dr. Franz Werner, Prof. an der Universität Wien. Mit 48 Abbild. Nr. 383.

Analyse, Techn.-Chem., von Dr. G. Lunge, Prof. a. d. Eidgen. Polytechnischen Schule in Zürich. Mit 16 Abb. Nr. 195.

Analysis, Höhere, I: Differentialrechnung. Von Dr. Frdr. Junker, Rektor des Realgymnasiums u. der Oberrealschule in Göppingen. Mit 68 Figuren. Nr. 87.

— — **Repetitorium und Aufgabensammlung zur Differentialrechnung** von Dr. Frdr. Junker, Rektor d. Realgymnas. u. d. Oberrealsch. in Göppingen. Mit 46 Fig. Nr. 146.

Analysis, Höhere, II: Integralrechnung. Von Dr. Friedr. Junker, Rektor des Realgymnasiums u. d. Oberrealschule in Göppingen. Mit 89 Figuren. Nr. 88

— — **Repetitorium und Aufgabensammlung zur Integralrechnung** v. Dr. Friedr. Junker, Rekt d. Realgymnas. und der Oberrealschule in Göppingen. Mit 50 Fig. Nr. 147.

— **Niedere,** von Prof. Dr. Benedikt Sporer in Ehingen. Mit 5 Fig. Nr. 53.

Arbeiterfrage, Die gewerbliche, von Werner Sombart, Prof. an der Handelshochschule Berlin. Nr. 209.

Arbeiterversicherung siehe: Sozialversicherung.

Archäologie von Dr. Friedrich Koepp, Prof. an der Universität Münster i. W. 3 Bändchen. M. 28 Abb. im Text u. 40 Tafeln. Nr. 538/40.

Arithmetik u. Algebra von Dr. Herm. Schubert, Prof. a. d. Gelehrtenschule des Johanneums in Hamburg. Nr. 47.

— — **Beispielsammlung zur Arithmetik und Algebra** von Dr. Herm. Schubert, Prof. a. d. Gelehrtenschule des Johanneums in Hamburg. Nr. 48.

Armeepferd, Das, und die Versorgung der modernen Heere mit Pferden v. Felix von Damnitz, General der Kavallerie z. D. u. ehemal. Preuß. Remonteinspekteur. Nr. 514.

Armenwesen und Armenfürsorge. Einführung in d. soziale Hilfsarbeit v. Dr. Adolf Weber, Prof. an der Handelshochschule in Köln. Nr. 346.

Arzneimittel, Neuere, ihre Zusammensetzung, Wirkung und Anwendung von Dr. med. C. Bachem, Professor der Pharmakologie an der Universität Bonn. Nr. 669.

Ästhetik, Allgemeine, von Prof. Dr. Max Diez, Lehrer a. d. Kgl. Akademie d. bild. Künste in Stuttgart. Nr. 300.

Astronomie. Größe, Bewegung u. Entfernung der Himmelskörper v. A. F. Möbius, neu bearb. von Dr. Herm. Kobold, Prof. an der Universität Kiel. **I:** Das Planetensystem. Mit 33 Abbildungen. Nr. 11.

— — **II: Kometen, Meteore u. das Sternsystem. Mit 15 Figuren und 2 Sternkarten.** Nr. 529.

Astronomische Geographie von Dr. Siegm. Günther, Professor an der Technischen Hochschule in München. Mit 52 Abbildungen. Nr. 92.

Astrophysik. Die Beschaffenheit der Himmelskörper v. Prof. W. F. Wislicenus. Neu bearbeitet von Dr. H. Ludendorff in Potsdam. Mit 15 Abbild. Nr. 91.

Ätherische Öle und Riechstoffe von Dr. F. Rochussen in Miltitz. Mit 9 Abbildungen. Nr. 446.

Aufsatzentwürfe v. Oberstudienrat Dr. L. W. Straub, Rektor des Eberhard-Ludwigs-Gymnas. i. Stuttg. Nr. 17.

Ausgleichungsrechnung nach der Methode der kleinsten Quadrate von Wilh. Weitbrecht, Prof der Geodäsie in Stuttgart. 2 Bändchen. Mit 16 Figuren. Nr. 302 u. 641.

Außereuropäische Erdteile, Länderkunde der, von Dr. Franz Heiderich, Professor an der Exportakademie in Wien. Mit 11 Textkärtchen und Profilen. Nr. 63.

Australien. Landeskunde u. Wirtschaftsgeographie des Festlandes Australien von Dr. Kurt Hassert, Prof. d. Geographie an d. Handels-Hochschule in Köln. Mit 8 Abb., 6 graph. Tab. u. 1 Karte. Nr. 319.

Autogenes Schweiß- und Schneidverfahren von Ingen. Hans Niese in Kiel. Mit 30 Figuren. Nr. 499.

Bade- u. Schwimmanstalten, Öffentliche, v. Dr. Karl Wolff, Stadtoberbaur., Hannover. M. 50 Fig. Nr. 380.

Baden. Badische Geschichte von Dr. Karl Brunner, Prof. am Gymnas. in Pforzheim u. Privatdozent der Geschichte an der Technischen Hochschule in Karlsruhe. Nr. 230.

— **Landeskunde von Baden** von Prof. Dr. O. Kienitz i. Karlsruhe. Mit Profil., Abb. u. 1 Karte. Nr. 199.

Bahnhöfe. Hochbauten der Bahnhöfe v. Eisenbahnbauinspekt. C. Schwab, Vorstand d. Kgl. E.-Hochbausektion Stuttgart II. **I:** Empfangsgebäude, Nebengebäude. Güterschuppen, Lokomotivschuppen. Mit 91 Abbildungen. Nr. 515.

Balkanstaaten. Geschichte d. christlichen Balkanstaaten (Bulgarien, Serbien, Rumänien, Montenegro, Griechenland) von Dr. **K. Roth** in **Kempten.** Nr. 331.

Bankwesen. Technik des Bankwesens von Dr. Walter Conrad, stellvert. Vorsteher der statist. Abteilung der Reichsbank in Berlin. Nr. 484.

Bauführung. Kurzgefaßtes Handbuch über das Wesen der Bauführung v. Archit. Emil Beutinger, Assistent an d. Techn. Hochschule in Darmstadt. M. 25 Fig. u. 11 Tabell. Nr. 399.

Baukunst, Die, des Abendlandes v. Dr. K. Schäfer, Assist. a. Gewerbemuseum, Bremen. Mit 22 Abb. Nr. 74.

— **des Schulhauses** v. Prof. Dr.-Ing. Ernst Vetterlein, Darmstadt. **I:** Das Schulhaus. M. 38 Abb. Nr. 443.

— — **II:** Die Schulräume — Die Nebenanlagen. M. 31 Abb. Nr. 444.

Bausteine. Die Industrie der künstlichen Bausteine und des Mörtels von Dr. G. Rauter in Charlottenburg. Mit 12 Tafeln. Nr. 234.

Baustoffkunde, Die, v. Prof. H. Haberstroh, Oberl. a. d. Herzogl. Baugewerkschule Holzminden. Mit 36 Abbildungen. Nr. 506.

Bayern. Bayerische Geschichte von Dr. Hans Ockel in Augsburg. Nr. 160.

— **Landeskunde des Königreichs Bayern** v. Dr. W. Götz, Prof. a. d. Kgl. Techn. Hochschule München. M. Profil., Abb. u. 1 Karte. Nr. 176.

Befestigungswesen. Die geschichtliche Entwicklung des Befestigungswesens vom Aufkommen der Pulvergeschütze bis zur Neuzeit von Reuleaux, Major b. Stabe d. 1. Westpreuß. Pionierbataill. Nr. 17. Mit 30 Bildern. Nr. 569.

Beschwerderecht. Das Disziplinar- u. Beschwerderecht für Heer u. Marine v. Dr. Max E. Mayer, Prof. a. d. Univ. Straßburg i. E. Nr. 517.

Betriebskraft, Die zweckmäßigste, von Friedr. Barth, Oberingen. in Nürnberg. 1. Teil: Einleitung. Dampfkraftanlagen. Verschied. Kraftmaschinen. M. 27 Abb. Nr. 224.

— — **II:** Gas-, Wasser- u. Windkraftanlagen. M. 31 Abb. Nr. 225.

— — **III:** Elektromotoren. Betriebskostentabellen. Graph. Darstell. Wahl d. Betriebskraft. M. 27 Abb. Nr. 474.

Bewegungsspiele v. Dr. E. Kohlrausch, Prof. am Kgl. Kaiser Wilhelms-Gymn. zu Hannover. M. 15 Abb. Nr. 96.

Bleicherei. Textil-Industrie III: Wäscherei, Bleicherei, Färberei und ihre Hilfsstoffe v. Dr. Wilh. Massot, Prof. a. d. Preuß. höh. Fachschule für Textilindustrie in Krefeld. Mit 28 Fig. Nr. 186.

Blütenpflanzen, Das System der, mit Ausschluß der Gymnospermen von Dr. R. Pilger, Kustos am Kgl. Botanischen Garten in Berlin-Dahlem. Mit 31 Figuren. Nr. 393.

Bodenkunde von Dr. P. Vageler in Königsberg i. Pr. Nr. 455.

Bolivia. Die Cordillerenstaaten von Dr. Wilhelm Sievers, Prof. an der Universität Gießen. **I:** Einleitung, Bolivia u. Peru. Mit 16 Tafeln u. 1 lithogr. Karte. Nr. 652.

Brandenburg.-Preußische Geschichte von Prof. Dr. M. Thamm, Dir. des Kaiser Wilhelms-Gymnasiums in Montabaur. Nr. 600.

Brasilien. Landeskunde der Republik Brasilien von Bel Rodolpho von Ihering. Mit 12 Abbildungen und 1 Karte. Nr 373.

Brauereiwesen I: Mälzerei von Dr. Paul Dreverhoff, Dir. der Brauer- u. Mälzerschule zu Grimma. Mit 16 Abbildungen. Nr. 303.

Britisch-Nordamerika. Landeskunde von Britisch-Nordamerika v. Prof. Dr. A. Oppel in Bremen. Mit 13 Abb. und 1 Karte. Nr. 284.

Brückenbau, Die allgemeinen Grundlagen des, von Prof. Dr.-Ing. Th. Landsberg, Geh. Baurat in Berlin. Mit 46 Figuren. Nr. 687.

Buchführung in einfachen u. doppelten Posten v. Prof. Rob. Stern, Oberl. d. Öffentl. Handelslehranst. u. Doz. d. Handelshochschule zu Leipzig. M. vielen Formul. Nr. 115.

Buddha von Professor Dr. Edmund Hardy. Nr. 174.

Burgenkunde, Abriß der, von Hofrat Dr. Otto Piper in München. Mit 30 Abbildungen. Nr. 119.

Bürgerliches Gesetzbuch siehe: Recht des BGB.

Byzantinisches Reich. Geschichte des byzantinischen Reiches von Dr. K. Roth in Kempten. Nr. 190.

Chemie, Allgemeine u. physikalische, von Dr. Hugo Kauffmann, Prof. an der Königl. Techn. Hochschule in Stuttgart. Erster Teil. Mit 10 Figuren. Nr. 71.

— **Analytische,** von Dr. Johannes Hoppe in München. I: Theorie und Gang der Analyse. Nr. 247.

— — II: Reaktion der Metalloide und Metalle. Nr. 248.

— **Anorganische,** von Dr. Jos. Klein in Mannheim. Nr. 37.

— **Geschichte der,** von Dr. Hugo Bauer, Assist. am chemischen Laboratorium der Kgl. Techn. Hochschule Stuttgart. I: Von den ältesten Zeiten bis z. Verbrennungstheorie von Lavoisier. Nr. 264.

— — II: Von Lavoisier bis zur Gegenwart. Nr. 265.

— **der Kohlenstoffverbindungen von** Dr. Hugo Bauer, Assistent am chem. Laboratorium d. Kgl. Techn. Hochschule Stuttgart. I. II: Aliphatische Verbindungen. 2 Teile. Nr. 191. 192.

— — III: Karbocyklische Verbindungen. Nr. 193.

— — IV: Heterocyklische Verbindungen. Nr. 194

— **Organische,** von Dr. Jos Klein in Mannheim. Nr. 38.

— **Pharmazeutische,** von Privatdozent Dr. E. Mannheim in Bonn. 4 Bändchen. Nr. 543/44, 588 u. 682.

— **Physiologische,** von Dr. med. A. Legahn in Berlin. I: Assimilation. Mit 2 Tafeln. Nr. 240.

— — II: Dissimilation. M. 1 Tafel. Nr. 241.

— **Toxikologische,** von Privatdozent Dr. E. Mannheim in Bonn. Mit 6 Abbildungen. Nr. 465.

Chemische Industrie, Anorganische, von Dr. Gust. Rauter in Charlottenburg. I: Die Leblancsodaindustrie und ihre Nebenzweige. Mit 12 Tafeln. Nr. 205.

— — II: Salinenwesen, Kalisalze, Düngerindustrie u. Verwandtes. Mit 6 Tafeln. Nr. 206.

— — III: Anorganische chemische Präparate. M. 6 Taf. Nr. 207.

Chemische Technologie, Allgemeine, von Dr. Gust. Rauter in Charlottenburg. Nr. 113.

Chemisch-Technische Analyse von Dr. G. Lunge, Prof. an der Eidgen. Polytechnischen Schule in Zürich. Mit 16 Abbild. Nr. 195.

Christlichen Literaturen des Orients, Die, von Dr. Anton Baumstark. I: Einleitung. — Das christlich-aramäische u. d. koptische Schrifttum. Nr. 527.

— — II: Das christl.-arab. und das äthiop. Schrifttum. — Das christl. Schrifttum d. Armenier und Georgier. Nr. 528.

Colombia. Die Cordillerenstaaten von Dr. Wilhelm Sievers, Prof. an der Universität Gießen. II: Ecuador, Colombia u. Venezuela. Mit 16 Tafeln u. 1 lithogr. Karte. Nr. 653.

Cordillerenstaaten, Die, von Dr. Wilhelm Sievers, Prof. an der Universität Gießen. I: Einleitung, Bolivia u. Peru. Mit 16 Tafeln u. 1 lithogr. Karte. Nr. 652.

— — II: Ecuador, Colombia u. Venezuela. Mit 16 Tafeln u. 1 lithogr. Karte. Nr. 653.

Dampfkessel, Die. Kurzgefaßtes Lehrbuch mit Beispielen für das Selbststudium u. den praktischen Gebrauch von Oberingenieur Friedr. Barth in Nürnberg. I: Kesselsysteme und Feuerungen. Mit 43 Fig. Nr. 9.

— — II: Bau und Betrieb der Dampfkessel. M. 57 Fig. Nr. 521.

Dampfmaschinen, Die. Kurzgefaßtes Lehrbuch mit Beispielen für das Selbststudium und den praktischen Gebrauch von Friedr. Barth, Oberingenieur in Nürnberg. 2 Bdchn. I: Wärmetheoretische und dampftechnische Grundlagen. Mit 64 Fig. Nr. 8.

— — II: Bau und Betrieb der Dampfmaschinen. Mit 109 Fig. Nr. 572.

Dampfturbinen, Die, ihre Wirkungsweise u. Konstruktion von Ingen. Herm. Wilda, Prof. a. staatl. Technikum in Bremen. Mit 104 Abb. Nr. 274.

Desinfektion von Dr. M. Christian, Stabsarzt a. D. in Berlin. Mit 18 Abbildungen. Nr. 546.

Determinanten von P. B. Fischer, Oberl. a. d. Oberrealsch. z. Groß-Lichterfelde. Nr. 402.

Deutsche Altertümer von Dr. Franz Fuhse, Dir. d. städt. Museums in Braunschweig. M. 70 Abb. Nr. 124.

Deutsche Fortbildungsschulwesen, Das, nach seiner geschichtlichen Entwicklung u. in seiner gegenwärt. Gestalt von H. Sierds, Revisor gewerbl. Fortbildungsschulen in Schleswig. Nr. 392.

Deutsches Fremdwörterbuch von Dr. Rud. Kleinpaul in Leipzig. Nr. 273.

Deutsche Geschichte von Dr. F. Kurze, Prof. a. Kgl. Luisengymnas. in Berlin. **I: Mittelalter** (bis 1519). Nr. 33.

— — **II: Zeitalter der Reformation und der Religionskriege** (1517 bis 1648). Nr. 34.

— — **III: Vom Westfälischen Frieden bis zur Auflösung des alten Reichs** (1648—1806). Nr. 35.

— — siehe auch: Quellenkunde.

Deutsche Grammatik und kurze Geschichte der deutschen Sprache von Schulrat Prof. Dr. O. Lyon in Dresden. Nr. 20.

Deutsche Handelskorrespondenz von Prof. Th. de Beaux, Officier de l'Instruction Publique. Nr. 182.

Deutsches Handelsrecht von Dr. Karl Lehmann, Prof. an der Universität Göttingen. 2 Bde. Nr. 457 u. 458.

Deutsche Heldensage, Die, von Dr. Otto Luitpold Jiriczek, Prof. an d. Univ. Würzburg. Mit 5 Tafeln. Nr. 32.

Deutsche Kirchenlied, Das, in seinen charakteristischen Erscheinungen ausgewählt v. D. Friedrich Spitta, Prof. a. d. Universität in Straßburg i. E. **I:** Mittelalter u. Reformationszeit. Nr. 602.

Deutsches Kolonialrecht von Prof. Dr. H. Edler von Hoffmann, Studiendirektor der Akademie für kommunale Verwaltung in Düsseldorf. Nr. 318.

Deutsche Kolonien. I: Togo und Kamerun von Prof. Dr. K. Dove. Mit 16 Tafeln u. 1 lithogr. Karte. Nr. 441.

— **II: Das Südseegebiet und Kiautschou** von Prof. Dr. K. Dove. Mit 16 Tafeln u. 1 lith. Karte. Nr. 520.

— **III: Ostafrika** von Prof. Dr. K. Dove. Mit 16 Tafeln u. 1 lithogr. Karte. Nr. 567.

Deutsche Kolonien. IV: Südwestafrika von Prof. Dr. K. Dove. Mit 16 Taf. u. 1 lithogr. Karte. Nr. 637.

Deutsche Kulturgeschichte von Dr. Reinh. Günther. Nr. 56.

Deutsches Leben im 12. u. 13. Jahrhundert. Realkommentar zu den Volks- u. Kunstepen u. zum Minnesang. Von Prof. Dr. Jul. Dieffenbacher in Freiburg i. B. **I: Öffentliches Leben.** Mit zahlreichen Abbildungen. Nr. 93.

— — **II: Privatleben.** Mit zahlreichen Abbildungen. Nr. 328.

Deutsche Literatur des 13. Jahrhunderts. Die Epigonen d. höfischen Epos. Auswahl a. deutschen Dichtungen des 13. Jahrhunderts von Dr. Viktor Junk, Aktuarius der Kaiserlichen Akademie der Wissenschaften in Wien. Nr. 289.

Deutsche Literaturdenkmäler des 14. u. 15. Jahrhunderts. Ausgewählt und erläutert von Dr. Hermann Jantzen, Direktor d. Königin Luise-Schule in Königsberg i. Pr. Nr. 181.

— — **des 16. Jahrhunderts. I: Martin Luther und Thom. Murner.** Ausgewählt und mit Einleitungen und Anmerkungen versehen von Professor G. Berlit, Oberlehrer am Nikolaigymnasium zu Leipzig. Nr. 7.

— — **II: Hans Sachs.** Ausgewählt u. erläut. v. Prof. Dr. J. Sahr. Nr. 24.

— — **III: Von Brant bis Rollenhagen: Brant, Hutten, Fischart, sowie Tierepos u. Fabel.** Ausgew. u. erläut. von Prof. Dr. Julius Sahr. Nr. 36.

— **des 17. und 18. Jahrhunderts bis Klopstock. I:** Lyrik von Dr. Paul Legband in Berlin. Nr. 364.

— — **II:** Prosa v. Dr. Hans Legband in Kassel. Nr. 365.

Deutsche Literaturgeschichte von Dr. Max Koch, Prof. an der Universität Breslau. Nr. 31.

— **der Klassikerzeit** v. Carl Weitbrecht, durchgesehen u. ergänzt v. Karl Berger. Nr. 161.

— **des 19. Jahrhunderts** von Carl Weitbrecht, neu bearbeitet von Dr. Rich. Weitbrecht in Wimpfen. I. II. Nr. 134. 135.

Deutschen Mundarten, Die, von Prof. Dr. H. Reis in Mainz. Nr. 605.

Deutsche Mythologie. Germanische Mythologie von Dr. Eugen Mogk, Prof. a. d. Univers. Leipzig. Nr. 15.

Deutschen Personennamen, Die, v. Dr. Rud. Kleinpaul i. Leipzig. Nr. 422.

Deutsche Poetik von Dr. K. Borinski, Prof. a. d. Univ. München. Nr. 40.

Deutsche Rechtsgeschichte v. Dr. Richard Schröder, Prof. a. d. Univers. Heidelberg. **I:** Bis z. Mittelalter. Nr. 621.

— — **II:** Die Neuzeit. Nr. 664.

Deutsche Redelehre von Hans Probst, Gymnasialprof. i. Bamberg. Nr. 61.

Deutsche Schule, Die, im Auslande von Hans Amrhein, Seminaroberlehrer in Rheydt. Nr. 259.

Deutsches Seerecht v. Dr. Otto Brandis, Oberlandesgerichtsrat in Hamburg. **I:** Allgem. Lehren: Personen u. Sachen d. Seerechts. Nr. 386.

— — **II:** Die einz. seerechtl. Schuldverhältnisse: Verträge des Seerechts u. außervertragliche Haftung. Nr. 387.

Deutsche Stadt, Die, und ihre Verwaltung. Eine Einführung i. d. Kommunalpolitik d. Gegenw. Herausgeg. v. Dr. Otto Most, Beigeordn. d. Stadt Düsseldorf. **I:** Verfassung u. Verwaltung im allgemeinen; Finanzen und Steuern; Bildungs- und Kunstpflege; Gesundheitspflege. Nr. 617.

— — **II:** Wirtschafts- u. Sozialpolitik. Nr. 662.

— — **III:** Technik: Städtebau, Tief- u. Hochbau. Mit 48 Abb. Nr. 663.

Deutsche Stammeskunde v. Dr. Rud. Much, a. o. Prof. a. d. Univ. Wien. Mit 2 Kart. u. 2 Taf. Nr. 126.

Deutsches Unterrichtswesen. Geschichte des deutschen Unterrichtswesens v. Prof. Dr. Friedrich Seiler, Direktor des Kgl. Gymnasiums zu Luckau. **I:** Von Anfang an bis zum Ende des 18. Jahrhunderts. Nr. 275.

— — **II:** Vom Beginn d. 19. Jahrh. bis auf die Gegenwart. Nr. 276.

Deutsche Urheberrecht, Das, an literarischen, künstlerischen u. gewerblichen Schöpfungen, mit besonderer Berücksichtigung der internat. Verträge v. Dr. Gust. Rauter, Patentanwalt in Charlottenburg. Nr. 263.

Deutsche Volkslied, Das, ausgewählt u. erläutert von Prof. Dr. Jul. Sahr. 2 Bändchen. Nr. 25 u. 132.

Deutsche Wehrverfassung von Karl Endres, Geheimer Kriegsrat u. vortragender Rat im Kriegsministerium in München. Nr. 401.

Deutsches Wörterbuch v. Dr. Richard Loewe. Nr. 64.

Deutsche Zeitungswesen, Das, von Dr. Robert Brunhuber in Köln a. Rh. Nr. 400.

Deutsches Zivilprozeßrecht von Prof. Dr. Wilhelm Kisch in Straßburg i. E. 3 Bände. Nr. 428—430.

Deutschland in römischer Zeit von Dr. Franz Cramer, Provinzialschulrat zu Münster i. W. Mit 23 Abbildungen. Nr. 633.

Dichtungen aus mittelhochdeutscher Frühzeit. In Ausw. mit Einltg. u. Wörterb. herausgeg. v. Dr. Herm. Jantzen, Direktor d. Königin Luise-Schule i. Königsberg i. Pr. Nr. 137.

Dietrichepen. Kudrun und Dietrichepen. Mit Einleitung u. Wörterbuch von Dr. O. L. Jiriczek, Prof. a. d. Universität Würzburg. Nr. 10.

Differentialrechnung von Dr. Friedr. Junker, Rektor d. Realgymnasiums u. der Oberrealschule in Göppingen. Mit 68 Figuren. Nr. 87.

— **Repetitorium u. Aufgabensammlung zur Differentialrechnung** von Dr. Friedr. Junker, Rektor d. Realgymnasiums u. d. Oberrealschule in Göppingen. Mit 46 Fig. Nr. 146.

Drogenkunde von Rich. Dorstewitz in Leipzig und Georg Ottersbach in Hamburg. Nr. 413.

Druckwasser- und Druckluft-Anlagen. Pumpen, Druckwasser- u. Druckluft-Anlagen von Dipl.-Ingen. Rudolf Vogdt, Regierungsbaumstr. a. D. in Aachen. Mit 87 Fig. Nr. 290.

Ecuador. Die Cordillerenstaaten von Dr. Wilhelm Sievers, Prof. an der Universität Gießen. **II:** Ecuador, Colombia u. Venezuela. Mit 16 Tafeln u. 1 lithogr. Karte. Nr. 653.

Eddalieder mit Grammatik, Übersetzg. u. Erläuterungen von Dr. Wilhelm Ranisch, Gymnasialoberlehrer in Osnabrück. Nr. 171.

Eisenbahnbau. Die Entwicklung des modernen Eisenbahnbaues v. Dipl. Ing. Alfred Birk, o. ö. Prof. a. d. k. k. Deutschen Techn. Hochschule in Prag. Mit 27 Abbild. Nr. 553.

Eisenbahnbetrieb, Der, v. S. Scheibner, Königl. Oberbaurat a. D. in Berlin. Mit 3 Abbildgn. Nr. 676.

Eisenbahnen, Die Linienführung der, von H. Wegele, Professor an der Techn. Hochschule in Darmstadt. Mit 52 Abbildungen. Nr. 623.

Eisenbahnfahrzeuge von H. Hinnenthal, Regierungsbaumeister u. Oberingen. in Hannover. I: Die Lokomotiven. Mit 89 Abbild. im Text und 2 Tafeln. Nr. 107.

— — II: Die Eisenbahnwagen und Bremsen. Mit Anh.: Die Eisenbahnfahrzeuge im Betrieb. Mit 56 Abb. im Text u. 3 Taf. Nr. 108.

Eisenbahnpolitik. Geschichte d. deutschen Eisenbahnpolitik v. Betriebsinspektor Dr. Edwin Kech in Karlsruhe i. B. Nr. 533.

Eisenbahnverkehr, Der, v. Kgl. Eisenbahn-Rechnungsdirektor Th. Wilbrand in Berlin-Friedenau. Nr. 618.

Eisenbetonbau, Der, v. Reg.-Baumstr. Karl Rößle. Mit 75 Abbildungen. Nr. 349.

Eisenbetonbrücken von Dr.-Ing. K. W. Schaechterle in Stuttgart. Mit 104 Abbildungen. Nr. 627.

Eisenhüttenkunde von A. Krauß, dipl Hütteningenieur. I: Das Roheisen. Mit 17 Fig. u. 4 Taf. Nr. 152.

— — II: Das Schmiedeisen. M. 25 Fig. u. 5 Taf. Nr. 153.

Eisenkonstruktionen im Hochbau von Ingen. Karl Schindler in Meißen. Mit 115 Figuren. Nr. 322.

Eiszeitalter, Das, v. Dr. Emil Werth in Berlin-Wilmersdorf. Mit 17 Abbildungen und 1 Karte. Nr. 431.

Elastizitätslehre für Ingenieure I: Grundlagen und Allgemeines über Spannungszustände, Zylinder, Ebene Platten, Torsion, Gekrümmte Träger. Von Dr.-Ing. Max Enßlin, Prof. a. d. Kgl. Baugewerkschule Stuttgart und Privatdozent a.d. Techn. Hochschule Stuttgart. Mit 60 Abbild. Nr. 519.

Elektrischen Meßinstrumente, Die, von J Herrmann, Prof. an der Techn. Hochschule in Stuttgart. Mit 195 Figuren. Nr. 477.

Elektrische Telegraphie, Die, von Dr. Lud. Rellstab. Mit 19 Fig. Nr. 172.

Elektrizität. Theoret. Physik III: Elektrizität u. Magnetismus von Dr. Gust. Jäger, Prof. a. d. Techn. Hochschule in Wien. Mit 33 Abbildgn. Nr. 78.

Elektrochemie von Dr. Heinr. Danneel in Genf. I: Theoretische Elektrochemie u. ihre physikalisch-chemischen Grundlagen. Mit 16 Fig. Nr. 252.

— — II: Experiment. Elektrochemie, Meßmethoden, Leitfähigkeit, Lösungen. Mit 26 Fig. Nr. 253.

Elektromagnet. Lichttheorie. Theoret. Physik IV: Elektromagnet. Lichttheorie u. Elektronik von Professor Dr. Gust. Jäger in Wien. Mit 21 Figuren. Nr. 374.

Elektrometallurgie von Dr. Friedrich Regelsberger, Kaiserl. Reg.-Rat in Steglitz-Berlin. M. 16 Fig. Nr. 110.

Elektrotechnik. Einführung in die Starkstromtechnik v. J. Herrmann, Prof. d. Elektrotechnik an der Kgl. Techn. Hochschule Stuttgart. I: Die physikalischen Grundlagen. Mit 95 Fig. u. 16 Taf. Nr. 196.

— — II: Die Gleichstromtechnik. Mit 118 Fig. und 16 Taf. Nr. 197.

— — III: Die Wechselstromtechnik. Mit 154 Fig. u. 16 Taf. Nr. 198.

— — IV: Die Erzeugung und Verteilung der elektrischen Energie. Mit 96 Figuren u. 16 Tafeln. Nr. 657.

Elektrotechnik. Die Materialien des Maschinenbaues und der Elektrotechnik von Ingenieur Prof. Hermann Wilda in Bremen. Mit 3 Abbildgn. Nr. 476.

Elsaß-Lothringen, Landeskunde von, v. Prof. Dr. R. Langenbeck in Straßburg i. E. Mit 11 Abbild. u. 1 Karte. Nr. 215.

Englisch-deutsches Gesprächsbuch von Prof. Dr. E. Hausknecht in Lausanne. Nr. 424.

Englische Geschichte v. Prof. L. Gerber, Oberlehrer in Düsseldorf. Nr. 375.

Englische Handelskorrespondenz von E. E. Whitfield, M. A., Oberlehrer an King Edward VII Grammar School in King's Lynn. Nr. 237.

Englische Literaturgeschichte von Dr. Karl Weiser in Wien. Nr. 69.

Englische Literaturgeschichte. Grundzüge und Haupttypen d. englischen Literaturgeschichte von Dr. Arnold M. M. Schröer, Professor an der Handelshochschule in Köln, 2 Teile. Nr. 286, 287.

Englische Phonetik mit Lesestücken von Dr. A. C. Dunstan, Lektor an der Universität Königsberg i. Preußen. Nr. 601.

Entwicklungsgeschichte der Tiere von Dr. Johannes Meisenheimer, Prof. der Zoologie an der Universität Jena. **I:** Furchung, Primitivanlagen, Larven, Formbildung, Embryonalhüllen. Mit 48 Fig. Nr. 378.

— — **II:** Organbildung. Mit 46 Fig. Nr. 379.

Epigonen, Die, des höfischen Epos. Auswahl aus deutschen Dichtungen des 13. Jahrhunderts von Dr. Viktor Junk, Aktuarius d. Kaiserl. Akad. der Wissenschaften in Wien. Nr. 289.

Erbrecht. Recht des Bürgerl. Gesetzbuches. Fünftes Buch: Erbrecht von Dr. Wilhelm von Blume, ord. Prof. der Rechte an der Univ. Tübingen. I. Abteilung: Einleitung — Die Grundlagen des Erbrechts. II. Abteilung: Die Nachlaßbeteiligten. Mit 23 Figuren. Nr. 659/60.

Erdbau von Reg.-Baum. Erwin Link in Stuttgart Mit 72 Abbild. Nr. 630.

Erdmagnetismus, Erdstrom u. Polarlicht von Dr. A. Nippoldt, Mitglied des Königl. Preußischen Meteorologischen Instituts in Potsdam. Mit 7 Tafeln und 16 Figuren. Nr. 175.

Erdteile, Länderkunde der außereuropäischen, von Dr. Franz Heiderich, Prof. a. d. Exportakad. in Wien. Mit 11 Textkärtchen u. Profilen. Nr. 63.

Ernährung und Nahrungsmittel von Oberstabsarzt Professor H. Bischoff in Berlin. Mit 4 Abbild. Nr. 464.

Ethik von Prof. Dr. Thomas Achelis in Bremen. Nr. 90.

Europa, Länderkunde von, von Dr. Franz Heiderich, Prof. a. d. Exportakademie in Wien. Mit 14 Textkärtchen u. Diagrammen u. einer Karte der Alpeneinteilung. Nr. 62.

Exkursionsflora von Deutschland zum Bestimmen d. häufigeren i. Deutschland wildwachsenden Pflanzen von Dr. W. Migula, Prof. an der Forstakademie Eisenach. 2 Teile. Mit je 50 Abbildungen. Nr. 268 und 269.

Experimentalphysik v. Prof. R. Lang in Stuttgart. **I:** Mechanik der festen, flüssigen und gasigen Körper. Mit 125 Figuren. Nr. 611.

— — **II:** Wellenlehre u. Akustik. Mit 69 Figuren. Nr. 612.

Explosivstoffe Einführung in d. Chemie der explosiven Vorgänge von Dr. H. Brunswig in Steglitz. Mit 6 Abbild. und 12 Tab. Nr. 333.

Familienrecht. Recht d. Bürgerlichen Gesetzbuches. Viertes Buch: Familienrecht von Dr. Heinrich Titze, Prof. a. d. Univ. Göttingen. Nr. 305.

Färberei. Textil-Industrie III: Wäscherei, Bleicherei, Färberei und ihre Hilfsstoffe von Dr. Wilhelm Massot, Prof. an der Preußischen höheren Fachschule f. Textilindustrie in Krefeld. Mit 28 Fig. Nr. 186.

Feldgeschütz, Das moderne, v. Oberstleutnant W. Heydenreich, Militärlehrer a. d. Militärtechn. Akademie in Berlin. **I:** Die Entwicklung des Feldgeschützes seit Einführung des gezogenen Infanteriegewehrs bis einschl. der Erfindung des rauchl. Pulvers, etwa 1850 bis 1890. Mit 1 Abbild. Nr. 306.

— — **II:** Die Entwicklung d. heutigen Feldgeschützes auf Grund der Erfindung des rauchlosen Pulvers, etwa 1890 bis zur Gegenwart. Mit 11 Abbild. Nr. 307.

Fernsprechwesen, Das, von Dr. Ludwig Rellstab in Berlin. Mit 47 Fig. und 1 Tafel. Nr. 155.

Festigkeitslehre v. W. Hauber, Dipl.-Ingenieur. Mit 56 Fig. Nr. 288.

— **Aufgabensammlung zur Festigkeitslehre mit Lösungen** von R. Haren, Diplom-Ingenieur in Mannheim. Mit 42 Fig. Nr. 491.

Fette, Die, und Öle sowie die Seifen- u. Kerzenfabrikat. u. d. Harze, Lacke, Firnisse m. ihren wicht. Hilfsstoffen von Dr. Karl Braun in Berlin. **I:** Einführung in die Chemie, Besprechung einiger Salze und der Fette und Öle. Nr. 335

Fette, Die, und Öle. II: Die Seifenfabrikation, die Seifenanalyse und die Kerzenfabrikation. Mit 25 Abbildungen. Nr. 336.

— — **III:** Harze, Lacke, Firnisse. Nr. 337

Feuerwaffen. Geschichte d. gesamten Feuerwaffen bis 1850. Die Entwicklung der Feuerwaffen v. ihrem ersten Auftreten bis zur Einführung d. gezog. Hinterlader, unter besond. Berücksichtig. d. Heeresbewaffnung von Major a. D. W. Gohlke, Steglitz-Berlin. Mit 105 Abbild. Nr. 530.

Feuerwerkerei, Die, von Direktor Dr. Alfons Bujard, Vorstand des Städt. Chemischen Laboratoriums in Stuttgart. Mit 6 Fig. Nr 634.

Filzfabrikation. Textil-Industrie II: Weberei, Wirkerei, Posamentiererei, Spitzen- und Gardinenfabrikation und Filzfabrikation von Professor Max Gürtler, Geh. Regierungsr. im Kgl. Landesgewerbeamt zu Berlin. Mit 29 Fig. Nr. 185.

Finanzsysteme der Großmächte, Die, (Internat. Staats- und Gemeinde-Finanzwesen) v. O. Schwarz, Geh. Oberfinanzrat in Berlin. 2 Bändchen. Nr. 450 und 451.

Finanzwissenschaft von Präsident Dr. R. van der Borght in Berlin. **I:** Allgemeiner Teil. Nr. 148

— — **II:** Besonderer Teil (Steuerlehre). Nr. 391.

Finnisch-ugrische Sprachwissenschaft von Dr. Josef Szinnyei Prof. an der Universität Budapest. Nr. 463.

Finnland. Landeskunde des Europäischen Rußlands nebst Finnlands von Prof. Dr. A. Philippson in Halle a. S. Nr. 359.

Firnisse. Harze, Lacke, Firnisse von Dr. Karl Braun in Berlin. (Fette und Öle III.) Nr. 337.

Fische. Das Tierreich IV: Fische von Prof. Dr. Max Rauther in Neapel. Mit 37 Abbild. Nr. 356.

Fischerei und Fischzucht von Dr. Karl Eckstein, Prof. a. d. Forstakademie Eberswalde, Abteilungsdirigent bei der Hauptstation des forstlichen Versuchswesens. Nr. 159.

Flechten, Die. Eine Übersicht unserer Kenntnisse v. Prof. Dr. G. Lindau, Kustos a. Kgl. Botanisch. Museum, Privatdozent an d. Univers. Berlin. Mit 55 Figuren. Nr. 683.

Flora. Exkursionsflora von Deutschland zum Bestimmen der häufigeren in Deutschland wildwachsenden Pflanzen v. Dr. W. Migula, Prof. a. d. Forstakademie Eisenach. 2 Teile. Mit je 50 Abbild. Nr. 268, 269.

Flußbau von Regierungsbaumeister Otto Rappold in Stuttgart. Mit 103 Abbildungen. Nr. 597.

Fördermaschinen, Die elektrisch betriebenen, von A. Balthaser, Dipl.-Bergingenieur. Mit 62 Figuren. Nr. 678.

Forensische Psychiatrie von Professor Dr. W. Weygandt, Dir. d. Irrenanstalt Friedrichsberg i. Hamburg. 2 Bändchen. Nr. 410 u. 411.

Forstwissenschaft v. Dr. Ad. Schwappach, Prof. a. d. Forstakad. Eberswalde, Abteil.-Dirig. b. d. Hauptstat. d. forstl. Versuchswesens. Nr. 106.

Fortbildungsschulwesen, Das deutsche, nach seiner geschichtl. Entwicklung u. i. sein. gegenwärt. Gestalt v. H. Sierckš, Revisor gewerbl. Fortbildungsschulen in Schleswig. Nr. 392.

Franken. Geschichte Frankens v. Dr. Christ. Meyer, Kgl. preuß. Staatsarchivar a. D., München. Nr. 434.

Frankreich. Französische Geschichte v. Dr. R. Sternfeld, Prof. an der Universität Berlin. Nr. 85.

Frankreich. Landesk. v. Frankreich v. Dr. Rich. Neuse, Direkt. d. Oberrealschule in Spandau. 1. Bändch. M. 23 Abb. im Text u. 16 Landschaftsbild. auf 16 Taf. Nr. 466.

— — 2. Bändchen. Mit 15 Abb. im Text, 18 Landschaftsbild. auf 16 Tafeln u. 1 lithogr. Karte. Nr. 467.

Französisch-deutsches Gesprächsbuch von C. Francillon, Lektor am orientalisch. Seminar u. an d. Handelshochschule in Berlin. Nr. 596.

Französische Handelskorrespondenz v. Prof. Th. de Beaux, Officier de l'Instruction Publique. Nr. 183.

Französisches Lesebuch mit Wörterverzeichnis von Cyprien Francillon, Lektor a. oriental. Seminar u. a. d. Handelshochschule i. Berlin. Nr. 643.

Fremdwort, Das, im Deutschen v. Dr. Rud. Kleinpaul, Leipzig. Nr. 55.

Fremdwörterbuch, Deutsches, von Dr. Rud. Kleinpaul, Leipzig. Nr. 273.

Fuge. Erläuterung u. Anleitung zur Komposition derselben v. Prof. Stephan Krehl in Leipzig. Nr. 418.

Funktionentheorie von Dr. Konrad Knopp, Privatdozent an der Universität Berlin. I: Grundlagen der allgemeinen Theorie der analyt. Funktionen. Mit 9 Fig. Nr. 668.

— **Einleitung in die,** (Theorie der komplexen Zahlenreihen) von Max Rose, Oberlehrer an der Goetheschule in Deutsch-Wilmersdorf. Mit 10 Figuren. Nr. 581.

Fußartillerie, Die, ihre Organisation, Bewaffnung u. Ausbildg. v. Splett, Oberleutn. im Lehrbat. d. Fußart.-Schießschule u. Biermann, Oberleutn. in der Versuchsbatt. d. Art.-Prüfungskomm. M. 35 Fig. Nr. 560.

Gardinenfabrikation. Textilindustrie II: Weberei, Wirkerei, Posamentiererei, Spitzen- u. Gardinenfabrikation u. Filzfabrikation von Prof. Max Gürtler, Geh. Reg.-Rat im Kgl. Landesgewerbeamt zu Berlin. Mit 29 Figuren. Nr. 185.

Gas- und Wasserinstallationen mit Einschluß der Abortanlagen von Prof. Dr. phil. und Dr.-Ingen. Eduard Schmitt in Darmstadt. Mit 119 Abbildungen. Nr. 412.

Gaskraftmaschinen, Die, v. Ing. Alfred Kirschke in Kiel. 2 Bändchen. Mit vielen Figuren. Nr. 316 u. 651.

Gasthäuser und Hotels von Architekt Max Wöhler in Düsseldorf. I: Die Bestandteile u. die Einrichtung des Gasthauses. Mit 70 Fig. Nr. 525.

— — II: Die verschiedenen Arten von Gasthäusern. Mit 82 Fig. Nr. 526.

Gebirgsartillerie. Die Entwicklung der Gebirgsartillerie von Klußmann, Oberst u. Kommandeur der 1. Feld-Art.-Brigade in Königsberg i. Pr. Mit 78 Bildern und Übersichtstafeln. Nr. 531.

Genossenschaftswesen, Das, in Deutschland v. Dr. Otto Lindecke in Düsseldorf. Nr. 384.

Geodäsie von Prof. Dr. C. Reinhertz in Hannover. Neubearbeitet von Dr. G. Förster, Observator a. Geodätisch. Inst. Potsdam. M. 68 Abb. Nr. 102.

Geodäsie. Vermessungskunde v. Dipl.-Ing. P. Werkmeister, Oberlehr. a. d. Kais. Techn. Schule i. Straßburg i. E. I: Feldmessen u. Nivellieren. Mit 146 Abb. II: Der Theodolit. Trigonometr. u. barometr. Höhenmessg. Tachymetr. M. 109 Abb. Nr. 468, 469.

Geographie, Geschichte der, von Prof. Dr. Konrad Kretschmer i. Charlottenburg. Mit 11 Kart. im Text. Nr. 624.

Geologie in kurzem Auszug f. Schulen u. zur Selbstbelehrung zusammengestellt v. Prof. Dr. Eberh. Fraas in Stuttgart. Mit 16 Abbild. u. 4 Tafeln mit 51 Figuren. Nr. 13.

Geometrie, Analytische, der Ebene v. Prof. Dr. M. Simon in Straßburg. Mit 52 Figuren. Nr. 65.

— — **Aufgabensammlung zur Analytischen Geometrie der Ebene** von O. Th. Bürklen, Professor am Kgl. Realgymnasium in Schwäb.-Gmünd. Mit 32 Fig. Nr. 256.

— — **des Raumes** von Prof. Dr. M. Simon in Straßburg. Mit 28 Abbildungen. Nr. 89.

— — **Aufgabensammlung zur Analytischen Geometrie des Raumes** von O. Th. Bürklen, Professor am Kgl. Realgymnasium in Schwäb.-Gmünd. Mit 8 Fig. Nr. 309.

— **Darstellende,** von Dr Robert Haußner, Prof. an d. Univ. Jena, I. Mit 110 Figuren. Nr. 142.

— — II. Mit 40 Figuren. Nr. 143.

— **Ebene,** von G. Mahler, Professor am Gymnasium in Ulm. Mit 111 zweifarbigen Figuren. Nr. 41.

— **Projektive,** in synthet. Behandlung von Dr. Karl Doehlemann, Prof. an der Universität München. Mit 91 Figuren. Nr. 72.

Geometrische Optik, Einführung in die, von Dr. W. Hinrichs in Wilmersdorf-Berlin. Nr. 532.

Geometrisches Zeichnen von H. Becker, Architekt u. Lehrer an der Baugewerkschule in Magdeburg, neubearbeitet von Prof. J. Vonderlinn in Münster. Mit 290 Figuren und 23 Tafeln im Text. Nr. 58.

Germanische Mythologie von Dr. E. Mogk, Prof. a. d. Univ. Leipzig. Nr. 15.

Germanische Sprachwissenschaft von Dr. Rich. Loewe. Nr. 238.

Griechische u. römische Mythologie v. Prof. Dr. Herm. Steuding, Rekt. d. Gymnas. in Schneeberg. Nr. 27.

Grundbuchrecht, Das formelle, von Oberlandesgerichtsr. Dr. F. Kretzschmar in Dresden. Nr. 549.

Handelspolitik, Auswärtige, von Dr. Heinr. Sieveking, Professor an der Universität Zürich. Nr. 245.

Handelsrecht, Deutsches, von Dr. Karl Lehmann, Prof. an d. Universität Göttingen. **I:** Einleitung. Der Kaufmann u. seine Hilfspersonen. Offene Handelsgesellschaft. Kommandit- und stille Gesellschaft. Nr. 457.

— — **II:** Aktiengesellschaft. Gesellsch. m. b. H. Eing. Gen. Handelsgesch. Nr. 458.

Handelsschulwesen, Das deutsche, von Direktor Theodor Blum in Dessau. Nr. 558.

Handelsstand, Der, von Rechtsanwalt Dr. jur. Bruno Springer in Leipzig (Kaufmänn. Rechtskunde. Bd. 2). Nr. 545.

Handelswesen, Das, von Geh. Oberregierungsrat Dr. Wilh. Lexis, Professor an der Universität Göttingen. **I:** Das Handelspersonal und der Warenhandel. Nr. 296.

— — **II:** Die Effektenbörse und die innere Handelspolitik. Nr. 297.

Handfeuerwaffen, Die Entwicklung der, seit der Mitte des 19. Jahrhunderts u. ihr heutiger Stand von G. Wrzodek, Hauptmann u. Kompagniechef im Inf.-Reg. Freiherr Hiller von Gärtringen (4 Posensches) Nr. 59 i. Soldau. M. 21 Abb. Nr. 366.

Harmonielehre von A. Halm. Mit vielen Notenbeispielen. Nr. 120.

Hartmann von Aue, Wolfram von Eschenbach und Gottfried von Straßburg Auswahl aus d. höfischen Epos mit Anmerk. u. Wörterbuch von Dr. K. Marold, Prof. am Königl. Friedrichs-Kollegium zu Königsberg i. Pr. Nr. 22.

Harze, Lacke, Firnisse von Dr. Karl Braun in Berlin. (Die Fette und Öle III). Nr. 337.

Hebezeuge, Die, ihre Konstruktion u. Berechnung von Ing. Prof. Herm. Wilda, Bremen. Mit 399 Abb. Nr. 414.

Heeresorganisation, Die Entwicklung der, seit Einführung der stehenden Heere von Otto Neuschler, Hauptmann u. Batteriechef in Ulm. I: Geschichtl. Entwicklung bis zum Ausgange d. 19. Jahrh. Nr. 552.

Heizung u. Lüftung v. Ing. Johannes Körting in Düsseldorf. **I:** Das Wesen u. die Berechnung der Heizungs- u. Lüftungsanlagen. Mit 34 Figuren. Nr. 342.

— — **II:** Die Ausführung der Heizungs- u. Lüftungsanlagen. Mit 191 Figuren. Nr. 343.

Hessen. Landeskunde des Großherzogtums Hessen, der Provinz Hessen-Nassau und des Fürstentums Waldeck v. Prof. Dr. Georg Greim in Darmstadt. Mit 13 Abbildungen und 1 Karte. Nr. 376.

Hieroglyphen von Geh. Regier.-Rat Dr. Ad. Erman, Prof. an der Universität Berlin. Nr. 608.

Hochspannungstechnik, Einführ. in die moderne, von Dr.-Ing. K. Fischer in Hamburg-Bergedorf. Mit 92 Fig. Nr. 609.

Holz, Das. Aufbau, Eigenschaften u. Verwendung v. Ing. Prof. Herm. Wilda in Bremen. Mit 33 Abb. Nr. 459.

Hotels. Gasthäuser und Hotels von Archit. Max Wöhler in Düsseldorf. **I:** Die Bestandteile u. d. Einrichtg. des Gasthauses. Mit 70 Figuren. Nr. 525.

— — **II:** Die verschiedenen Arten von Gasthäusern. Mit 82 Figuren. Nr. 526.

Hydraulik v. W. Hauber, Dipl.-Ing. in Stuttgart. Mit 44 Figuren. Nr. 397.

Hygiene des Städtebaus, Die, von Prof. H. Chr. Nußbaum in Hannover. Mit. 30 Abb. Nr. 348.

— **des Wohnungswesens, Die,** von Prof. H. Chr. Nußbaum in Hannover. Mit 5 Abbild. Nr. 363.

Iberische Halbinsel. Landeskunde der Iberischen Halbinsel von Dr. Fritz Regel, Prof. a. d. Univ. Würzburg. M. 8 Kärtchen u. 8 Abb. im Text u. 1 Karte in Farbendruck. Nr. 235.

Indische Religionsgeschichte von Prof. Dr. Edmund Hardy. Nr. 83.

Indogerman. Sprachwissenschaft von Dr. R. Meringer, Professor an der Univers. Graz. M. 1 Tafel. Nr. 59.

Industrielle u. gewerbliche Bauten (Speicher, Lagerhäuser u. Fabriken) von Architekt Heinr. Salzmann in Düsseldorf. I: Allgemeines üb. Anlage u. Konstruktion d. industriellen u. gewerblichen Bauten. Nr. 511.

— — II: Speicher und Lagerhäuser. Mit 123 Figuren. Nr. 512.

Infektionskrankheiten, Die, und ihre Verhütung von Stabsarzt Dr. W. Hoffmann in Berlin. Mit 12 vom Verfasser gezeichneten Abbildungen und einer Fiebertafel. Nr. 327.

Insekten. Das Tierreich V: Insekten von Dr. J. Groß in Neapel (Stazione Zoologica). Mit 56 Abbildungen. Nr. 594.

Instrumentenlehre v. Musikdir. Franz Mayerhoff in Chemnitz. I: Text. Nr. 437.

— — II: Notenbeispiele. Nr. 438.

Integralrechnung von Dr. Friedr. Junker, Rekt. d. Realgymnasiums u. d. Oberrealschule in Göppingen. Mit 89 Figuren. Nr. 88.

Integralrechnung. Repetitorium u. Aufgabensammlung zur Integralrechnung von Dr. Friedr. Junker, Rekt. d. Realgymnasiums u. der Oberrealschule in Göppingen. Mit 52 Figuren. Nr. 147.

Israel. Geschichte Israels bis auf die griechische Zeit von Lic. Dr. J. Benzinger. Nr. 231.

Italienische Handelskorrespondenz v. Prof. Alberto de Beaux, Oberlehrer am Königl. Institut S. S. Annunziata in Florenz. Nr. 219.

Italienische Literaturgeschichte von Dr. Karl Voßler, Professor an der Universität München. Nr. 125.

Kalkulation, Die, im Maschinenbau von Ingen. H. Bethmann, Dozent am Technikum Altenburg. Mit 63 Abbildungen. Nr. 486.

Kältemaschinen. Die thermodynamischen Grundlagen der Wärmekraft- und Kältemaschinen von M. Röttinger, Dipl.-Ing. in Mannheim. Mit 73 Figuren. Nr. 2.

Kamerun. Die deutschen Kolonien I: Togo und Kamerun von Prof. Dr. Karl Dove. Mit 16 Tafeln und einer lithogr. Karte. Nr. 441.

Kanal- und Schleusenbau von Regierungsbaumeister Otto Rappold in Stuttgart. Mit 78 Abb. Nr. 585.

Kant, Immanuel. (Geschichte d. Philosophie Bd. 5) v. Dr. Bruno Bauch, Prof. a. d. Univ. Jena. Nr. 536.

Kartell u. Trust v. Dr. S. Tschierschky in Düsseldorf. Nr. 522.

Kartenkunde von Dr. M. Groll, Kartograph i. Berlin. 2 Bändchen. I: Die Projektionen. Mit 56 Fig. Nr. 30.

— — II: Der Karteninhalt u. das Messen auf Karten. Mit 39 Fig. Nr. 599.

Kartographische Aufnahmen u. geograph. Ortsbestimmung auf Reisen von Dr.-Ing. R. Hugershoff, Prof. an der Forstakademie zu Tharandt. Mit 73 Figuren. Nr 607.

Katholischen Kirche, Geschichte der, von der Mitte des 18. Jahrh. bis zum Vatikanischen Konzil von Geh. Konf.-Rat Prf. D. Mirbt i. Göttingen. Nr. 700.

Kaufmännische Rechtskunde. I: Das Wechselwesen v. Rechtsanwalt Dr. Rud. Mothes in Leipzig. Nr. 103.

— **II: Der Handelsstand** v. Rechtsanw. Dr. jur. B. Springer, Leipzig. Nr. 545.

Kaufmännisches Rechnen von Prof. Richard Just, Oberlehrer a. d. Öffentl. Handelslehranstalt d. Dresdener Kaufmannschaft. I. II. III. Nr. 139, 140, 187.

Keramische Industrie. Die Industrie der Silikate, der künstlichen Bausteine und des Mörtels von Dr. Gust. Rauter. I: Glas- u. keram. Industrie. Mit 12 Taf. Nr. 233.

Kerzenfabrikation. Die Seifenfabrikation, die Seifenanalyse und die Kerzenfabrikation von Dr. Karl Braun in Berlin. (Die Fette u. Öle II.) Mit 25 Abb. Nr. 336.

Kiautschou. Die deutschen Kolonien II: Das Südseegebiet und Kiautschou v. Prof. Dr. K. Dove. Mit 16 Taf. u. 1 lithogr. Karte. Nr. 520.

Kindesrecht u. Kinderschutz von Assessor H. E. Wendel in Grunewald. Nr. 693.

Kinematik von Dipl.-Ing. Hans Polster, Assist. a. d. Kgl. Techn. Hochschule Dresden. M. 76 Abb. Nr. 584.

Kirchenrecht v. Dr. E. Sehling, ord. Prof. d. Rechte in Erlangen. Nr. 377.

Klima und Leben (Bioklimatologie) von Dr. Wilh. R. Eckardt, Assist. an der öffentl. Wetterdienststelle in Weilburg. Nr. 629.

Klimakunde I: Allgemeine Klimalehre von Prof. Dr. W. Köppen, Meteorologe der Seewarte Hamburg. Mit 7 Taf. u. 2 Figuren. Nr. 114.

Kolonialgeschichte von Dr. Dietrich Schäfer, Professor der Geschichte an der Universität Berlin. Nr. 156.

Kolonialrecht, Deutsches, von Prof. Dr. H. Edler von Hoffmann, Studiendirektor d. Akademie für kommunale Verwaltung in Düsseldorf. Nr. 318.

Kometen. Astronomie. Größe, Bewegung u. Entfernung d. Himmelskörper v. A. F. Möbius, neu bearb. v. Dr. Herm. Kobold, Prof. an der Univ. Kiel. II: Kometen, Meteore u. das Sternsystem. Mit 15 Fig. u. 2 Sternkarten. Nr. 529.

Kommunale Wirtschaftspflege von Dr. Alfons Rieß, Magistratsassessor in Berlin. Nr. 534.

Kompositionslehre. Musikalische Formenlehre v. Steph. Krehl. I. II. M. viel. Notenbeispiel. Nr. 149, 150.

Kontrapunkt. Die Lehre von der selbständigen Stimmführung v. Steph. Krehl in Leipzig. Nr. 390.

Kontrollwesen, Das agrikulturchemische, von Dr. Paul Kirsche in Leopoldshall-Staßfurt. Nr. 304.

Koordinatensysteme v. Paul B. Fischer, Oberl. a. d. Oberrealschule zu Groß-Lichterfelde. Mit 8 Fig. Nr. 507.

Körper, Der menschliche, sein Bau und seine Tätigkeiten von E. Rebmann, Oberschulr. i. Karlsruhe. Mit Gesundheitslehre von Dr. med. H. Seiler. M. 47 Abb. u. 1 Taf. Nr. 18.

Kostenanschlag siehe: Veranschlagen.

Kriegsschiffbau. Die Entwicklung des Kriegsschiffbaues vom Altertum bis zur Neuzeit. Von Tjard Schwarz, Geh. Marinebaurat und Schiffbau-Direktor. I. Teil: Das Zeitalter der Ruderschiffe u. der Segelschiffe für die Kriegsführung zur See vom Altertum bis 1840. Mit 32 Abbildungen. Nr. 471.

— — II. Teil: Das Zeitalter der Dampfschiffe für die Kriegsführung zur See von 1840 bis zur Neuzeit. Mit 81 Abbildungen. Nr. 472.

Kriegswesens, Geschichte des, von Dr. Emil Daniels in Berlin. I: Das antike Kriegswesen. Nr. 488.

— — II: Das mittelalterliche Kriegswesen. Nr. 498.

Kriegswesens, Geschichte des, von Dr. Emil Daniels in Berlin. III: Das Kriegswesen der Neuzeit. Erster Teil. Nr. 518.

— — IV: Das Kriegswesen der Neuzeit. Zweiter Teil. Nr. 537.

— — V: Das Kriegswesen der Neuzeit. Dritter Teil. Nr. 568.

— — VI: Das Kriegswesen der Neuzeit. Vierter Teil. Nr. 670.

— — VII: Das Kriegswesen der Neuzeit. Fünfter Teil. Nr. 671.

Kristallographie v. Dr. W. Bruhns, Prof. a. d. Bergakademie Clausthal. Mit 190 Abbild. Nr. 210.

Kristalloptik, Einführung in die, von Dr. Eberhard Buchwald i. München. Mit 124 Abbildungen. Nr. 619.

Kudrun und Dietrichepen. Mit Einleitung und Wörterbuch von Dr. O. L. Jiriczek, Professor an der Universität Würzburg. Nr. 10.

Kultur, Die, der Renaissance. Gesittung, Forschung, Dichtung v. Dr. Robert F. Arnold, Professor an der Universität Wien. Nr. 189.

Kulturgeschichte, Deutsche, von Dr. Reinh. Günther. Nr. 56.

Kurvendiskussion. Algebraische Kurven von Eug. Beutel, Oberreallehrer in Vaihingen-Enz. I: Kurvendiskussion. Mit 57 Fig. im Text. Nr. 435.

Kurzschrift siehe: Stenographie.

Küstenartillerie. Die Entwicklung der Schiffs- und Küstenartillerie bis zur Gegenwart v. Korvettenkapitän Huning. Mit Abb. u. Tab. Nr. 606.

Lacke. Harze, Lacke, Firnisse von Dr. Karl Braun in Berlin. (Die Fette und Öle III.) Nr. 337.

Lagerhäuser. Industrielle und gewerbliche Bauten. (Speicher, Lagerhäuser u. Fabriken) von Architekt Heinrich Salzmann, Düsseldorf. II: Speicher u. Lagerhäuser. Mit 123 Fig. Nr. 512.

Länder- und Völkernamen von Dr. Rud. Kleinpaul in Leipzig. Nr. 478.

Landstraßenbau von Kgl. Oberlehrer A. Liebmann, Betriebsdirekt. a. D. i. Magdeburg. Mit 44 Fig. Nr. 598.

Landwirtschaftliche Betriebslehre v. E. Langenbeck in Groß-Lichterfelde. Nr. 227.

Landwirtschaftlichen Maschinen, Die, von Karl Walther, Diplom.-Ing. in Mannheim. 3 Bändchen. Mit vielen Abbildgn. Nr. 407—409

Lateinische Grammatik. Grundriß der latein. Sprachlehre v. Prof. Dr. W. Votsch in Magdeburg. Nr. 82.

— **Sprache. Geschichte der lateinischen Sprache** von Dr. Friedrich Stolz, Professor an der Universität Innsbruck. Nr. 492.

Leuchtgasfabrikation, Die Nebenprodukte der, von Dr. phil. K. R. Lange, Diplom-Ingenieur. Mit 13 Figuren. Nr. 661.

Licht. Theoretische Physik II. Teil: Licht und Wärme. Von Dr. Gust. Jäger, Prof. an der Techn. Hochschule in Wien. M. 47 Abb. Nr. 77.

Logarithmen. Vierstellige Tafeln und Gegentafeln für logarithmisches u. trigonometrisches Rechnen in zwei Farben zusammengestellt von Dr. Herm. Schubert, Prof. an der Gelehrtenschule des Johanneums in Hamburg. Neue Ausgabe v. Dr. Robert Haußner, Prof. an der Universität Jena. Nr. 81

— **Fünfstellige,** von Professor August Adler, Direktor der k. k. Staatsoberrealschule in Wien. Nr. 423.

Logik. Psychologie und Logik zur Einführung in die Philosophie von Professor Dr. Th. Elsenhans. Mit 13 Figuren. Nr. 14.

Lokomotiven. Eisenbahnfahrzeuge von H. Hinnenthal. I: Die Lokomotiven. Mit 89 Abb. im Text u. 2 Tafeln. Nr. 107.

Lothringen. Geschichte Lothringens von Dr. Herm. Derichsweiler, Geh. Regierungsrat in Straßburg. Nr. 6.

— **Landeskunde v. Elsaß-Lothringen** v. Prof. Dr. R. Langenbeck in Straßburg i. E. Mit 11 Abb. u. 1 Karte. Nr. 215.

Lötrohrprobierkunde. Qualitative Analyse mit Hilfe des Lötrohrs von Dr. Mart. Henglein in Freiberg i. Sa. Mit 10 Figuren. Nr. 483.

Lübeck. Landeskunde d. Großherzogtümer Mecklenburg u. der Freien u. Hansestadt Lübeck v. Dr. Sebald Schwarz, Direktor der Realschule zum Dom in Lübeck. Mit 17 Abbildungen und Karten im Text und 1 lithographischen Karte. Nr. 487.

Luftelektrizität von Dr. Karl Kähler, wissenschaftlichem Hilfsarbeiter am Königl. Preuß. Meteorologisch-Magnetischen Observatorium in Potsdam. Mit 18 Abb. Nr. 649.

Luftsalpeter. Seine Gewinnung durch den elektrischen Flammenbogen von Dr. G. Brion, Prof. an der Kgl. Bergakademie in Freiberg. Mit 50 Figuren. Nr. 616.

Luft- und Meeresströmungen von Dr. Franz Schulze, Direktor der Navigationsschule zu Lübeck. Mit 27 Abbildungen und Tafeln. Nr. 551.

Lüftung. Heizung und Lüftung von Ing. Johannes Körting in Düsseldorf. I: Das Wesen und die Berechnung d. Heizungs- u. Lüftungsanlagen. Mit 34 Fig. Nr. 342.

— — **II:** Die Ausführung der Heizungs- und Lüftungsanlagen. Mit 191 Figuren. Nr. 343.

Luther, Martin, und Thom. Murner. Ausgewählt und mit Einleitungen u. Anmerkungen versehen v. Prof. G. Berlit, Oberlehrer am Nikolaigymnasium zu Leipzig. Nr. 7.

Magnetismus. Theoretische Physik III. Teil: Elektrizität u. Magnetismus. Von Dr. Gustav Jäger, Prof. an der Technischen Hochschule Wien. Mit 33 Abbildungen. Nr. 78.

Mälzerei. Brauereiwesen I: Mälzerei von Dr. P. Dreverhoff, Direktor d. Öffentlichen und 1. Sächs. Versuchsstation für Brauerei und Mälzerei, sowie der Brauer- und Mälzerschule zu Grimma. Nr. 303.

Maschinenbau, Die Kalkulation im, v. Ing. H. Bethmann, Doz. a. Techn. Altenburg. Mit 63 Abb. Nr. 486.

— **Die Materialien des Maschinenbaues und der Elektrotechnik** von Ingenieur Prof. Hermann Wilda. Mit 3 Abbildungen. Nr. 476.

Maschinenelemente, Die. Kurzgefaßtes Lehrbuch mit Beispielen für das Selbststudium u. d. praktischen Gebrauch von Fr. Barth, Oberingen. in Nürnberg. Mit 86 Fig. Nr. 3.

Maschinenzeichnen, Praktisches, von Obering. Rich. Schiffner in Warmbrunn. I: Grundbegriffe, Einfache Maschinenteile bis zu den Kuppelungen. Mit 60 Tafeln. Nr. 589.

Maschinenzeichnen, Praktisches, von Ing. Richard Schiffner in Warmbrunn. **II:** Lager, Riem- u. Seilscheiben, Zahnräder, Kolbenpumpe. Mit 51 Tafeln. Nr. 590.

Maßanalyse von Dr. Otto Röhm in Darmstadt. Mit 14 Fig. Nr. 221.

Maß-, Münz- und Gewichtswesen von Dr. August Blind, Professor an der Handelsschule in Köln. Nr. 283.

Materialprüfungswesen. Einführung in die moderne Technik d. Materialprüfung von K. Memmler, Dipl.-Ingenieur, ständ. Mitarbeiter am Kgl. Material-Prüfungsamte zu Groß-Lichterfelde. **I:** Materialeigenschaften.— Festigkeitsversuche. — Hilfsmittel für Festigkeitsversuche. Mit 58 Figuren. Nr. 311.

— — **II:** Metallprüfung und Prüfung von Hilfsmaterialien des Maschinenbaues. — Baumaterialprüfung. — Papierprüfung. — Schmiermittelprüfung. — Einiges über Metallographie. Mit 31 Fig. Nr. 312.

Mathematik, Geschichte der, von Dr. A. Sturm, Prof. am Obergymnasium in Seitenstetten. Nr. 226.

Mathematische Formelsammlung und Repetitorium der Mathematik, enthaltend die wichtigsten Formeln u. Lehrsätze d. Arithmetik, Algebra, algebraischen Analysis, ebenen Geometrie, Stereometrie, ebenen und sphärischen Trigonometrie, math. Geographie, analyt. Geometrie der Ebene und des Raumes, der Differential- und Integralrechnung von O. Th. Bürklen, Professor am Kgl. Realgymnasium in Schw.-Gmünd. Mit 18 Figuren. Nr. 51.

Maurer- und Steinhauerarbeiten von Prof. Dr. phil. und Dr.-Ing. Ed. Schmitt in Darmstadt. 3 Bändchen. Mit vielen Abbild. Nr. 419—421.

Mechanik. Theoret. Physik I. Teil: Mechanik und Akustik. Von Dr. Gust. Jäger, Prof. an der Technischen Hochschule in Wien. Mit 19 Abbildungen. Nr. 76.

Mechanische Technologie von Geh. Hofrat Professor A. Lüdicke in Braunschweig. 2 Bändchen. Nr. 340, 341.

Mecklenburg. Landeskunde d. Großherzogtümer Mecklenburg u. der Freien u. Hansestadt Lübeck von Dr. Sebald Schwarz, Direktor der Realschule zum Dom in Lübeck. Mit 17 Abbild. im Text, 16 Taf. und 1 Karte in Lithographie. Nr. 487.

Mecklenburgische Geschichte von Oberlehrer Otto Vitense in Neubrandenburg i. M. Nr. 610.

Medizin, Geschichte der, von Dr. med. et phil. Paul Diepgen, Privatdozent für Geschichte der Medizin in Freiburg i. Br. **I:** Altertum. Nr. 679.

Meereskunde, Physische, von Prof. Dr. Gerhard Schott, Abteilungsvorsteher bei d. Deutschen Seewarte in Hamburg. Mit 39 Abbildungen im Text und 8 Tafeln. Nr. 112.

Meeresströmungen. Luft- u. Meeresströmungen v. Dr. Franz Schulze, Dir. d. Navigationsschule zu Lübeck. Mit 27 Abb. u. Tafeln. Nr. 551.

Meliorationen von Baurat Fauser in Ellwangen. 2 Bdchen. Mit vielen Fig. Nr. 691/92.

Menschliche Körper, Der, sein Bau u. seine Tätigkeiten von E. Rebmann, Oberschulrat in Karlsruhe. Mit Gesundheitslehre v. Dr. med. H. Seiler. Mit 47 Abb. u. 1 Tafel. Nr. 18.

Metallographie. Kurze, gemeinfaßliche Darstellung der Lehre von den Metallen u. ihren Legierungen unter besond. Berücksichtigung der Metallmikroskopie v. Prof. E. Heyn u. Prof. O. Bauer a. Kgl. Materialprüfungsamt (Gr.-Lichterfelde) d. K. Techn. Hochschule zu Berlin. **I:** Allgem. Teil. Mit 45 Abb. im Text und 5 Lichtbildern auf 3 Tafeln. Nr. 432.

— — **II:** Spez. Teil. Mit 49 Abbildungen im Text und 37 Lichtbildern auf 19 Tafeln. Nr. 433.

Metallurgie von Dr. August Geitz in Kristiansand (Norwegen). I. II. Mit 21 Figuren. Nr. 313, 314.

Meteore. Astronomie. Größe, Bewegung u. Entfernung der Himmelskörper von A. F. Möbius, neu bearbeitet von Dr. Herm. Kobold, Prof. a. d. Univ. Kiel. **II: Kometen,** Meteore u. das Sternensystem. Mit 15 Fig. u. 2 Sternkarten. Nr. 529.

Meteorologie v. Dr. W. Trabert, Prof. an der Universität Wien. Mit 49 Abbild. u. 7 Tafeln. Nr. 54.

Militärische Bauten von Reg.-Baumeister R. Lang in Stuttgart. Mit 59 Abb. Nr. 626.

Militärstrafrecht von Dr. Max Ernst Mayer, Prof. an d. Univ. Straßburg i. E. 2 Bde. Nr. 371, 372.

Mineralogie von Geheimer Bergrat Dr. R. Brauns, Prof. an d. Univ. Bonn. Mit 132 Abbild. Nr. 29.

Minnesang und Spruchdichtung. Walther von der Vogelweide mit Auswahl aus Minnesang und Spruchdichtung. Mit Anmerkungen u. einem Wörterb. von O. Güntter, Prof. an d. Oberrealschule u. an d. Techn. Hochschule i. Stuttgart. Nr. 23.

Mittelhochdeutsche Dichtungen aus mittelhochdeutscher Frühzeit. In Auswahl mit Einleitg. u. Wörterbuch herausgeg. von Dr. Hermann Jantzen, Dir. d. Königin Luise-Schule i. Königsberg i. Pr. Nr. 137.

Mittelhochdeutsche Grammatik. Der Nibelunge Nôt in Auswahl und mittelhochdeutsche Grammatik mit kurz. Wörterb. v. Dr. W. Golther, Prof. a. d. Univ. Rostock. Nr. 1.

Morgenland. Geschichte des alten Morgenlandes v. Dr. Fr. Hommel, Prof. an d. Universität München. Mit 9 Bildern u. 1 Karte. Nr. 43.

Morphologie und Organographie der Pflanzen v. Prof. Dr. M. Nordhausen in Kiel. Mit 123 Abbildgn. Nr. 141.

Mörtel. Die Industrie d. künstlichen Bausteine und des Mörtels von Dr. G. Rauter in Charlottenburg. Mit 12 Tafeln. Nr. 234.

Mundarten, Die deutschen, von Prof. Dr. H. Reis in Mainz. Nr. 605.

Mundarten, Plattdeutsche, von Dr. Hubert Grimme, Professor an der Univers. Münster i. W. Nr. 461.

Münzwesen. Maß-, Münz- und Gewichtswesen von Dr. Aug. Blind, Prof. a. d. Handelsschule in Köln. Nr. 283.

Murner, Thomas. Martin Luther u. Thomas Murner. Ausgewählt u. m. Einleitungen u. Anmerk. versehen von Prof. G. Berlit, Oberlehrer am Nikolaigymnas. zu Leipzig. Nr. 7.

Musik, Geschichte der alten und mittelalterlichen, v. Dr. A. Möhler in Steinhaußen. 2 Bdch. Mit zahlr. Abb. u. Musikbeil. Nr. 121 u. 347.

Musikalische Akustik von Professor Dr. Karl L. Schäfer in Berlin. Mit 36 Abbildungen. Nr. 21.

Musikal. Formenlehre (Kompositionslehre) von Stephan Krehl. I. II. Mit viel. Notenbeisp. Nr. 149, 150.

Musikästhetik von Dr. Karl Grunsky in Stuttgart. Nr. 344.

Musikgeschichte des 17. und 18. Jahrhunderts von Dr. Karl Grunsky in Stuttgart. Nr. 239.

Musikgeschichte seit Beginn des 19. Jahrhunderts v. Dr. K. Grunsky in Stuttgart. I. II. Nr. 164, 165.

Musiklehre, Allgemeine, von Stephan Krehl in Leipzig. Nr. 220.

Nadelhölzer, Die, von Dr. F. W. Neger, Prof. an der Königl. Forstakademie zu Tharandt. Mit 85 Abbildungen, 5 Tabellen und 3 Karten. Nr. 355.

Nahrungsmittel. Ernährung u. Nahrungsmittel v. Oberstabsarzt Prof. H. Bischoff in Berlin. Mit 4 Abbildungen. Nr. 464.

Nautik. Kurzer Abriß d. täglich an Bord von Handelsschiffen angew. Teils d. Schiffahrtskunde. Von Dr. Franz Schulze, Dir. d. Navigationsschule zu Lübeck. Mit 56 Abbildgn. Nr. 84.

Neugriechisch-deutsches Gesprächsbuch mit besond. Berücksichtigung d. Umgangssprache v. Dr. Johannes Kalitsunakis, Doz. am Seminar für orient. Sprache in Berlin. Nr. 587.

Neunzehntes Jahrhundert. Geschichte des 19. Jahrhunderts von Oskar Jäger, o. Honorarprof. a. d. Univ. Bonn. 1. Bdch.: 1800—1852. Nr. 216.

— — 2. Bändchen: 1853 bis Ende des Jahrhunderts. Nr. 217.

Neutestamentliche Zeitgeschichte von Lic. Dr. W. Staerk, Prof. a. der Univ. in Jena. I: Der historische u. kulturgeschichtl. Hintergrund d. Urchristentums. M. 3 Karten. Nr. 325.

— — II: Die Religion d. Judentums im Zeitalter des Hellenismus und der Römerherrschaft. Mit 1 Planskizze. Nr. 326

Nibelunge Nôt, Der, in Auswahl und mittelhochdeutsche Grammatik mit kurzem Wörterb. v. Dr. W. Golther, Prof. an der Univ. Rostock. Nr. 1.

Nordamerikanische Literatur, Geschichte der, von Dr. Leon Kellner, Prof. an der Univ. Czernowitz. 2 Bdchen. Nr. 685/86.

Nordische Literaturgeschichte I: Die isländ. u. norweg. Literatur des Mittelalters v. Dr. Wolfg. Golther, Prof. an der Universität Rostock. Nr. 254.

Nutzpflanzen von Prof. Dr. J. Behrens, Vorst. d. Großherzogl landwirtschaftl. Versuchsanst. Augustenberg. Mit 53 Figuren. Nr. 123.

Öle. Die Fette u. Öle sowie d. Seifen- u. Kerzenfabrikation u. d. Harze, Lacke, Firnisse mit ihren wichtigsten Hilfsstoffen von Dr. Karl Braun in Berlin. I: Einführung in d. Chemie, Besprechung einiger Salze u. der Fette und Öle. Nr. 335.

Öle und Riechstoffe, Ätherische, von Dr. F. Rochussen in Miltitz. Mit 9 Abbildungen. Nr. 446.

Optik. Einführung in d. geometrische Optik von Dr. W. Hinrichs in Wilmersdorf-Berlin. Nr. 532.

Orientalische Literaturen. Die Literaturen des Orients von Dr. M. Haberlandt, Privatdoz. an d. Universität Wien. I: Die Literaturen Ostasiens und Indiens. Nr. 162.

— **II:** Die Literaturen der Perser, Semiten und Türken. Nr. 163.

— **Die christlichen Literaturen des Orients** von Dr Ant. Baumstark. I: Einleitg. — Das christl.-aramäische u. d. kopt. Schrifttum. Nr. 527.

— — **II:** Das christlich-arabische und das äthiopische Schrifttum. — Das christliche Schrifttum der Armenier und Georgier. Nr. 528.

Ortsnamen im Deutschen, Die, ihre Entwicklung u. ihre Herkunft von Dr. Rudolf Kleinpaul in Leipzig-Gohlis. Nr. 573.

Ostafrika. Die deutschen Kolonien III: Ostafrika von Prof. Dr. K. Dove. Mit 16 Taf. u. 1 lithogr. Karte. Nr. 567.

Österreich. Österreichische Geschichte von Prof. Dr. Franz v Krones, neubearb. von Dr. Karl Uhlirz, Prof. a. d. Univ. Graz. **I:** Von d. Urzeit b. z. Tode König Albrechts II. (1439). Mit 11 Stammtaf. Nr. 104.

— — **II:** Vom Tode König Albrechts II. bis z. Westf. Frieden (1440—1648). Mit 3 Stammtafeln. Nr. 105.

— **Landeskunde v. Österreich-Ungarn** von Dr. Alfred Grund, Prof. an d. Universität Prag. Mit 10 Textillustrationen u. 1 Karte. Nr. 244.

Ovidius Naso, Die Metamorphosen des. In Auswahl mit einer Einleit. u. Anmerk. herausgeg. v. Dr. Jul. Ziehen in Frankfurt a. M. Nr. 442.

Pädagogik im Grundriß von Professor Dr. W. Rein, Direktor d. Pädagog. Seminars a. d. Univ. Jena. Nr. 12.

— **Geschichte der,** von Oberlehrer Dr. H. Weimer in Wiesbaden. Nr. 145.

Paläogeographie. Geolog. Geschichte der Meere und Festländer von Dr. Franz Kossmat in Wien. Mit 6 Karten. Nr. 406.

Paläoklimatologie von Dr. Wilh. R. Eckardt i. Weilburg (Lahn). Nr. 482.

Paläontologie von Dr. Rud. Hoernes, Professor an der Universität Graz. Mit 87 Abbildungen. Nr. 95.

— **und Abstammungslehre** von Dr. Karl Diener, Prof. an der Univers. Wien. Mit 9 Abbild. Nr. 460.

Palästina. Landes- und Volkskunde Palästinas von Lic. Dr. Gustav Hölscher in Halle. Mit 8 Vollbildern und 1 Karte. Nr. 345.

Parallelperspektive. Rechtwinklige u. schiefwinklige Axonometrie v. Prof. J. Vonderlinn in Münster. Mit 121 Figuren. Nr. 260.

Personennamen, Die deutschen, v. Dr. Rud. Kleinpaul in Leipzig. Nr. 422.

Peru. Die Cordillerenstaaten von Dr. Wilhelm Sievers, Prof. an der Universität Gießen. **I:** Einleitung, Bolivia und Peru. Mit 16 Tafeln u. 1 lith. Karte. Nr. 652.

Petrographie v. Dr. W. Bruhns, Prof. an der Bergakademie Clausthal. Mit 15 Abbildungen. Nr. 173.

Pflanze, Die, ihr Bau und ihr Leben von Prof. Dr. E. Dennert. Mit 96 Abbildungen. Nr. 44.

Pflanzenbaulehre. Ackerbau- und Pflanzenbaulehre von Dr. Paul Rippert in Essen u. Ernst Langenbeck in Groß-Lichterfelde. Nr. 232.

Pflanzenbiologie v. Dr. W. Migula, Professor an d. Forstakademie Eisenach. I: Allgemeine Biologie. Mit 43 Abbildungen. Nr. 127.

Pflanzenernährung. Agrikulturchemie I: Pflanzenernährung v. Dr. Karl Grauer. Nr. 329.

Pflanzengeographie von Professor Dr. Ludwig Diels in Marburg (Hessen). Nr. 389.

Pflanzenkrankheiten von Dr. Werner Friedr. Bruck, Privatdoz. i. Gießen. Mit 1 farb. Tafel und 45 Abbildgn. Nr. 310.

Pflanzenmorphologie. Morphologie u. Organographie d. Pflanzen von Prof. Dr. M. Nordhausen in Kiel. Mit 123 Abbildungen. Nr. 141.

Pflanzenphysiologie von Dr. Adolf Hansen, Prof. an der Universität Gießen. Mit 43 Abbild. Nr. 591.

Pflanzenreichs, Die Stämme des, von Privatdoz. Dr. Rob. Pilger, Kustos am Kgl. Botan. Garten in Berlin-Dahlem. Mit 22 Abb. Nr. 485.

Pflanzenwelt, Die, der Gewässer von Dr. W. Migula, Prof. a. d. Forstak. Eisenach. Mit 50 Abb. Nr. 158.

Pflanzenzellenlehre. Zellenlehre und Anatomie der Pflanzen von Prof. Dr. H. Miehe in Leipzig. Mit 79 Abbildungen. Nr. 556.

Pharmakognosie. Von Apotheker F. Schmitthenner, Assist. a. Botan. Institut d. Techn. Hochschule Karlsruhe. Nr. 251.

Pharmazeutische Chemie von Privatdozent Dr. E. Mannheim in Bonn. 4 Bändchen. Nr. 543/44, 588, 682.

Philologie, Geschichte d. klassischen, v. Dr. Wilh. Kroll, ord. Prof. a. d. Univ. Münster in Westf. Nr. 367.

Philosophie, Einführung in die, von Dr. Max Wentscher, Professor an der Universität Bonn. Nr. 281.

Philosophie, Geschichte d., IV: Neuere Philosophie bis Kant von Dr. B. Bauch, Professor an der Universität Jena. Nr. 394.

— — **V: Immanuel Kant** von Dr. Bruno Bauch, Professor an d. Universität Jena. Nr. 536.

Philosophie, Geschichte der, VI: Die Philosophie im ersten Drittel des 19. Jahrhunderts von Arthur Drews, Prof. der Philosophie an der Techn. Hochschule in Karlsruhe. Nr. 571.

— **Hauptprobleme der,** v. Dr. Georg Simmel, Professor an der Universität Berlin. Nr. 500.

— **Psychologie und Logik** zur Einf. in d. Philosophie von Prof. Dr. Th. Elsenhans. Mit 13 Fig. Nr. 14.

Photographie, Die. Von H. Keßler, Prof. an d. k. k. Graphischen Lehr- und Versuchsanstalt in Wien. Mit 3 Taf. und 42 Abbild. Nr. 94.

Physik, Theoretische, von Dr. Gustav Jäger, Prof. der Physik an der Techn. Hochschule in Wien. I. Teil: Mechanik und Akustik. Mit 24 Abbildungen. Nr. 76.

— — II. Teil: Licht u. Wärme. Mit 47 Abbildungen. Nr. 77.

— — III. Teil: Elektrizität u. Magnetismus. Mit 33 Abbild. Nr. 78.

— — IV. Teil: Elektromagne.. Lichttheorie und Elektronik. Mit 21 Fig. Nr. 374.

Physik, Geschichte, der, von Prof. A. Kistner in Wertheim a. M. I: Die Physik bis Newton. Mit 13 Fig. Nr. 293.

— — II: Die Physik von Newton bis z. Gegenwart. Mit 3 Fig. Nr. 294.

Physikalisch-Chemische Rechenaufgaben von Prof. Dr. R. Abegg und Privatdozent Dr. O. Sackur, beide an der Univ. Breslau. Nr. 445.

Physikalische Aufgabensammlung von G. Mahler, Prof. der Mathematik u. Physik am Gymnasium in Ulm. Mit den Resultaten. Nr. 243.

— **Formelsammlung** von G. Mahler, Professor am Gymnasium in Ulm. Mit 65 Figuren. Nr. 136.

— **Messungsmethoden** von Dr. Wilh. Bahrdt, Oberlehrer an der Oberrealschule in Groß-Lichterfelde. Mit 49 Figuren. Nr. 301.

— **Tabellen** v. Dr. A. Leick, Oberlehrer an der Comeniusschule zu Berlin-Schöneberg. Nr. 650.

Physiologische Chemie von Dr. med. A. Legahn in Berlin. I: Assimilation. Mit 2 Tafeln. Nr. 240.

— — **II: Dissimilation.** Mit 1 Taf. Nr. 241.

Physische Geographie von Dr. Siegm. Günther, Prof. an der Kgl. Techn. Hochschule in München. Mit 37 Abbildungen. Nr. 26.

Physische Meereskunde von Prof. Dr. Gerh. Schott, Abteilungsvorst. b. d. Deutsch. Seewarte in Hamburg. M. 39 Abb. im Text u. 8 Taf. Nr. 112.

Pilze, Die. Eine Einführung in die Kenntnis ihrer Formenreihen von Prof. Dr. G. Lindau in Berlin. Mit 10 Figurengruppen i. Text. Nr. 574.

Planetensystem. **Astronomie** (Größe, Bewegung u. Entfernung d. Himmelskörper) von A. F. Möbius, neu bearb. von Dr. Herm. Kobold, Prof. a. d. Univ. Kiel. **I: Das Planetensystem.** Mit 33 Abbild. Nr. 11.

Plankton, Das, des Meeres von Dr. G. Stiasny in Wien. Mit 83 Abbildungen. Nr. 675.

Plastik, Die, des Abendlandes von Dr. Hans Stegmann, Direktor des Bayer. Nationalmuseums in München. Mit 23 Tafeln. Nr. 116.

— **Die, seit Beginn des 19. Jahrhunderts** von A. Heilmeyer in München. Mit 41 Vollbildern. Nr. 321.

Plattdeutsche Mundarten von Dr. Hub. Grimme, Professor an der Universität Münster i. W. Nr. 461.

Poetik, Deutsche, v. Dr. K. Borinski, Prof. a. d. Univ. München. Nr. 40.

Polarlicht. Erdmagnetismus, Erdstrom u. Polarlicht von Dr. A. Nippoldt, Mitglied des Kgl. Preuß. Meteorolog. Instituts zu Potsdam. Mit 7 Taf. u. 16 Figuren. Nr. 175.

Polnische Geschichte von Dr. Clemens Brandenburger in Posen. Nr. 338.

Pommern. Landeskunde von Pommern von Dr. W. Deecke, Prof. an der Universität Freiburg i. B. Mit 10 Abb. und Karten im Text und 1 Karte in Lithographie. Nr. 575.

Portugiesische Geschichte v. Dr. Gustav Diercks in Berlin-Steglitz. Nr. 622.

Portugiesische Literaturgeschichte von Dr. Karl von Reinhardstoettner, Professor an der Kgl. Techn. Hochschule München. Nr. 213.

Posamentiererei. Textil-Industrie II: Weberei, Wirkerei, Posamentiererei, Spitzen- und Gardinenfabrikation und Filzfabrikation v. Prof. Max Gürtler, Geh. Regierungsrat im Kgl. Landesgewerbeamt zu Berlin. Mit 29 Fig. Nr. 185.

Postrecht von Dr. Alfred Wolcke, Postinspektor in Bonn. Nr. 425.

Preßluftwerkzeuge, Die, von Diplom-Ing. P. Iltis, Oberlehrer an der Kais. Techn. Schule in Straßburg. Mit 82 Figuren. Nr. 493.

Preußische Geschichte. Brandenburgisch-Preußische Geschichte v. Prof. Dr. M. Thamm, Direktor d. Kaiser Wilhelms-Gymnasiums in Montabaur. Nr. 600.

Preußisches Staatsrecht von Dr. Fritz Stier-Somlo, Prof. an der Univ. Bonn. 2 Teile. Nr. 298, 299.

Psychiatrie, Forensische, von Professor Dr. W. Weygandt, Dir. der Irrenanstalt Friedrichsberg in Hamburg. 2 Bändchen. Nr. 410 und 411.

Psychologie und Logik zur Einführung in d. Philosophie v. Prof. Dr. Th. Elsenhans. Mit 13 Fig. Nr. 14.

Psychophysik, Grundriß der, v. Prof. Dr. G. F. Lipps in Zürich. Mit 3 Figuren. Nr. 98.

Pumpen, Druckwasser- und Druckluft-Anlagen. Ein kurzer Überblick von Dipl.-Ing. Rudolf Vogdt, Regierungsbaumeister a. D. in Aachen. Mit 87 Abbildungen. Nr. 290.

Quellenkunde d. deutschen Geschichte von Dr. Carl Jacob, Prof. an der Universität Tübingen. 1. Band. Nr. 279.

Radioaktivität von Dipl.-Ing. Wilh. Frommel. Mit 21 Abbildungen. Nr. 317.

Rechnen, Das, in der Technik u. seine Hilfsmittel (Rechenschieber, Rechentafeln, Rechenmaschinen usw.) von Ing. Joh. Eug. Mayer in Freiburg i. Br. Mit 30 Abbild. Nr. 405.

— **Kaufmännisches,** von Professor Richard Just, Oberlehrer an der Öffentlichen Handelslehranstalt der Dresdener Kaufmannschaft. I. II. III. Nr. 139, 140, 187.

Römische Rechtsgeschichte von Dr. **Robert von Mayr**, Prof. an der Deutschen Univers. Prag. 1. Buch: Die Zeit d. Volksrechtes. 1. Hälfte: Das öffentliche Recht. Nr. 577.

— — 2. Hälfte: Das Privatrecht. Nr. 578.

— 2. Buch: Die Zeit des Amts- und Verkehrsrechtes. 1. Hälfte: Das öffentliche Recht Nr. 645.

— — 2. Hälfte: Das Privatrecht I. Nr. 646.

— — 2. Hälfte: Das Privatrecht II. Nr. 647.

Rußland. Russische Geschichte von Dr. Wilh. Reeb, Oberlehrer am Ostergymnasium in Mainz. Nr. 4.

— **Landeskunde des Europäischen Rußlands nebst Finnlands** von Professor Dr. A. Philippson in Halle a. S. Nr. 359.

Russisch-Deutsches Gesprächsbuch von Dr. Erich Berneker, Professor an der Universität München. Nr. 68.

Russische Grammatik von Dr. Erich Berneker, Professor an der Universität München. Nr. 66.

Russische Handelskorrespondenz von Dr. Theodor von Kawraysky in Leipzig. Nr. 315.

Russisches Lesebuch mit Glossar von Dr. Erich Berneker, Professor an der Universität München. Nr. 67.

Russische Literatur von Dr. Erich Boehme, Lektor a. d. Handelshochschule Berlin. I. Teil: Auswahl moderner Prosa u. Poesie mit ausführlichen Anmerkungen u. Akzentbezeichnung. Nr. 403.

— — II. Teil: Всеволодъ Гаршинъ, Разсказы. Mit Anmerkungen und Akzentbezeichnungen. Nr. 404.

Russische Literaturgeschichte von Dr. Georg Polonskij in München. Nr. 166.

Russisches Vokabelbuch, Kleines, von Dr. Erich Boehme, Lektor an der Handelshochschule Berlin. Nr. 475.

Ruthenische Grammatik von Dr. Stephan von Smal-Stockyj, o. ö. Prof. an d. Univ. Czernowitz. Nr. 680.

Ruthenisch-deutsches Gesprächsbuch von Dr. Stephan von Smal-Stockyj, o. ö. Prof. an d. Universität Czernowitz. Nr. 681.

Sachenrecht. Recht d. Bürgerl. Gesetzbuches. Drittes Buch: Sachenrecht von Dr. F. Kretzschmar, Oberlandesgerichtsrat i. Dresden. **I:** Allgemeine Lehren. Besitz u. Eigentum,

— — **II:** Begrenzte Rechte. Nr. 480. 481.

Sachs, Hans. Ausgewählt u. erläut. v. Prof. Dr. Julius Sahr. Nr. 24.

Sachsen. Sächsische Geschichte v. Prof. Otto Kaemmel, Rektor d. Nikolaigymnasiums zu Leipzig. Nr. 100.

— **Landeskunde des Königreichs Sachsen** v. Dr. J. Zemmrich, Oberlehrer am Realgymnas. in Plauen. Mit 12 Abbildungen u. 1 Karte. Nr. 258.

Säugetiere. Das Tierreich I: Säugetiere von Oberstudienrat Prof. Dr. Kurt Lampert, Vorsteher des Kgl. Naturalienkabinetts in Stuttgart. Mit 15 Abbildungen. Nr. 282.

Schattenkonstruktionen von Professor J. Vonderlinn in Münster. Mit 114 Figuren. Nr. 236.

Schiffs- und Küstenartillerie bis zur Gegenwart, Die Entwicklung der, von Korvettenkapitän Huning. Mit Abbild. und Tabellen. Nr. 606.

Schleswig-Holstein. Landeskunde von Schleswig-Holstein, Helgoland u. der freien und Hansestadt Hamburg von Dr. Paul Hambruch, Abteilungsvorsteher am Museum für Völkerkunde in Hamburg. Mit Abb., Plänen, Profilen und 1 Karte in Lithographie. Nr. 563.

Schleusenbau. Kanal- u. Schleusenbau von Regierungsbaumeister Otto Rappold in Stuttgart. Mit 78 Abbildungen. Nr. 585.

Schmalspurbahnen (Klein-, Arbeits- u. Feldbahnen) v. Dipl.-Ing. Aug. Boshart in Nürnberg. Mit 99 Abbildungen. Nr. 524.

Schmarotzer und Schmarotzertum in der Tierwelt. Erste Einführung in die tierische Schmarotzerkunde von Dr. Franz v. Wagner, a. o. Prof. a. d. Univ. Graz. Mit 67 Abbildgn. Nr. 151.

Schreiner-Arbeiten. Tischler- (Schreiner-) Arbeiten I: Materialien, Handwerkszeuge, Maschinen, Einzelverbindungen, Fußböden, Fenster, Fensterladen, Treppen, Aborte von Prof. E. Viehweger, Architekt in Köln. Mit 628 Fig. auf 75 Tafeln. Nr. 502.

Schuldrecht. Recht des Bürgerl. Gesetzbuches. Zweites Buch: Schuldrecht. I. Abteilung: Allgemeine Lehren von Dr. Paul Oertmann, Prof. a. d. Univ. Erlangen. Nr. 323.

— — II. Abteilung: Die einzelnen Schuldverhältnisse von Dr. Paul Oertmann, Professor a. d. Universität Erlangen. Nr. 324.

Schule, die deutsche, im Auslande von Hans Amrhein, Seminar-Oberlehrer in Rheydt. Nr. 259.

Schulhaus. Die Baukunst des Schulhauses von Prof. Dr.-Ing. Ernst Vetterlein in Darmstadt. I: Das Schulhaus. Mit 38 Abbild. II: Die Schulräume — Die Nebenanlagen. Mit 31 Abbild. Nr. 443 und 444.

Schulpraxis. Methodik der Volksschule von Dr. R. Seyfert, Seminardirektor in Zschopau. Nr. 50.

Schweiß- und Schneidverfahren, Das autogene, von Ingenieur Hans Niese in Kiel. Mit 30 Fig. Nr. 499.

Schweiz. Schweizerische Geschichte von Dr. K. Dändliker, Professor an der Universität Zürich. Nr. 188.

— **Landeskunde der Schweiz** von Prof. Dr. H. Walser in Bern. Mit 16 Abb. und 1 Karte. Nr. 398.

Schwimmanstalten. Öffentl. Bade- und Schwimmanstalten von Dr. Karl Wolff, Stadt-Oberbaurat in Hannover. Mit 50 Fig. Nr. 380.

Seemacht, Die, in der deutschen Geschichte von Wirkl. Admiralitätsrat Dr. Ernst von Halle, Professor an der Universität Berlin. Nr. 370.

Seerecht, Das deutsche, von Dr. Otto Brandis, Oberlandesgerichtsrat in Hamburg. **I:** Allgemeine Lehren: Personen und Sachen des Seerechts. Nr. 386.

— — **II:** Die einzelnen seerechtlichen Schuldverhältnisse: Verträge des Seerechts und außervertragliche Haftung. Nr. 387.

Seifenfabrikation, Die, die Seifenanalyse und d. Kerzenfabrikation v. Dr. Karl Braun in Berlin. (Die Fette u. Öle II.) Mit 25 Abbildgn. Nr. 336.

Semitische Sprachwissenschaft von Dr. C. Brockelmann, Professor an der Univers. Königsberg. Nr. 291.

Serbokroatische Grammatik von Dr. Vladimir Ćorović, Bibliothekar des bosn.-herzegow. Landesmuseums in Sarajevo (Bosnien). Nr. 638.

Serbokroatisches Lesebuch mit Glossar von Dr. Vladimir Ćorović, Bibliothekar des bosn.-herzegow. Landesmuseums i. Sarajevo (Bosn.). Nr. 639.

Serbokroatisch-deutsches Gesprächsbuch von Dr. Vladimir Ćorović, Bibliothekar des bosn.-herzegow. Landesmuseums i. Sarajevo (Bosn.). Nr. 640.

Silikate. Industrie der Silikate, der künstlichen Bausteine und des Mörtels von Dr. Gustav Rauter in Charlottenburg. **I:** Glas u. keramische Industrie. M. 12 Taf. Nr. 233.

— — **II:** Die Industrie der künstlichen Bausteine und des Mörtels. Mit 12 Tafeln. Nr. 234.

Simplicius Simplicissimus von Hans Jakob Christoffel v. Grimmelshausen. In Auswahl herausgeg. von Prof. Dr. F. Bobertag, Dozent an der Universität Breslau. Nr. 138.

Skandinavien, Landeskunde von, (Schweden, Norwegen u. Dänemark) von Heinrich Kerp, Kreisschulinspektor in Kreuzburg. Mit 11 Abb. und 1 Karte. Nr. 202.

Slavische Literaturgeschichte von Dr. Josef Karásek in Wien. **I:** Ältere Literatur bis zur Wiedergeburt. Nr. 277.

— — **II:** Das 19. Jahrh. Nr. 278.

Soziale Frage. Die Entwicklung der sozialen Frage von Professor Dr. Ferdin. Tönnies. Nr. 353.

Sozialversicherung von Prof. Dr. Alfred Manes in Berlin. Nr. 267.

Soziologie von Prof. Dr. Thomas Achelis in Bremen. Nr. 101.

Spalt- und Schleimpilze. Eine Einführung in ihre Kenntnis von Prof. Dr. Gustav Lindau, Kustos am Kgl. Botanischen Museum und Privatdozent der Botanik an der Universität Berlin. **Mit 11 Abbildungen. Nr. 642.**

Spanien. **Spanische Geschichte** von Dr. Gustav Diercks. Nr. 266.

— **Landeskunde der Iberischen Halbinsel** v. Dr. Fritz Regel, Prof. an der Univ. Würzburg. Mit 8 Kärtchen und 8 Abbild. im Text und 1 Karte in Farbendruck. Nr. 235

Spanische Handelskorrespondenz von Dr. Alfredo Nadal de Mariezcurrena. Nr. 295.

Spanische Literaturgeschichte v. Dr. Rud. Beer, Wien. I. II. Nr. 167, 168

Speicher, Industrielle und gewerbliche Bauten (Speicher, Lagerhäuser u. Fabriken) v. Architekt Heinr. Salzmann in Düsseldorf. **II:** Speicher u. Lagerhäuser. Mit 123 Fig. Nr. 512.

Spinnerei. **Textilindustrie I: Spinnerei und Zwirnerei** von Prof. Max Gürtler, Geh. Regierungsrat im Königl. Landesgewerbeamt zu Berlin. Mit 39 Figuren. Nr. 184.

Spitzenfabrikation. **Textilindustrie II: Weberei, Wirkerei, Posamentiererei, Spitzen- und Gardinenfabrikat. u. Filzfabrikation** von Prof. Max Gürtler, Geh. Regierungsrat im Kgl. Landesgewerbeamt zu Berlin. Mit 29 Fig. Nr. 185.

Sportanlagen von Dr. phil. u. Dr.-Ing. Eduard Schmitt in Darmstadt. I. Mit 90 Abbildungen. Nr. 684.

Spruchdichtung. **Walther von der Vogelweide mit Auswahl aus Minnesang und Spruchdichtung.** Mit Anmerkgn. u. einem Wörterbuch v. Otto Güntter, Prof. a. d. Oberrealschule u. an der Technischen Hochschule in Stuttgart. Nr. 23.

Staatslehre, Allgemeine, von Dr. Hermann Rehm, Prof. a. d. Universität Straßburg i. E. Nr. 358.

Staatsrecht, Allgemeines, von Dr. Julius Hatschek, Prof. d. Rechte an der Universität Göttingen. 3 Bändchen. Nr. 415—417.

Staatsrecht, Preußisches, von Dr. Fritz Stier-Somlo, Prof. a. d. Universität Bonn. 2 Teile. Nr. 298, 299.

Stammeskunde, Deutsche, von Dr. Rudolf Much, a. o. Prof. a. d. Univ. Wien. M. 2 Kart. u. 2 Taf. Nr. 126.

Statik von W. Hauber, Dipl.-Ing. **I. Teil: Die Grundlehren der Statik starrer Körper. Mit 82 Fig. Nr. 178.**

Statik von W. Hauber, Dipl.-Ing. II. Teil: **Angewandte Statik.** Mit 61 Figuren. Nr. 179.

—, **Graphische,** mit besond. **Berücksichtig.** der Einflußlinien von Kgl. Oberlehrer Dipl.-Ing. Otto Henkel in Rendsburg. 1. Teil. Mit 121 Fig. Nr. 603.

Steinhauerarbeiten. **Maurer- und Steinhauerarbeiten** von Prof. Dr. phil. und Dr.-Ing. Eduard Schmitt in Darmstadt. 3 Bändchen. Mit vielen Abbildungen. Nr. 419—421.

Stellwerke. **Die Kraftstellwerke der Eisenbahnen** von S. Scheibner, Kgl. Oberbaurat a. D. in Berlin. 2 Bändchen. Mit 72 Abbild. Nr. 689/90.

— **Die mechanischen Stellwerke der Eisenbahnen** von S. Scheibner, Kgl. Oberbaurat a. D. in Berlin. 2 Bändchen. Mit 79 Abbild. Nr. 674 u. 688.

Stenographie. **Geschichte der Stenographie** von Dr. Arthur Mentz in Königsberg i. Pr. Nr. 501.

Stenographie n. d. System v. F. X. Gabelsberger von Dr. Albert Schramm, Landesamtsassessor in Dresden. Nr. 246.

— **Die Redeschrift des Gabelsbergerschen Systems** von Dr. Albert Schramm, Landesamtsassessor in Dresden. Nr. 368.

Stenographie. **Lehrbuch d. Vereinfachten Deutschen Stenographie** (Einig.-System Stolze-Schrey) nebst Schlüssel, Lesestücken u. einem Anhang von Professor Dr. Amsel, Oberlehrer des Kadettenkorps in Lichterfelde. Nr. 86.

— **Redeschrift.** Lehrbuch der Redeschrift d. Systems Stolze-Schrey nebst Kürzungsbeisp., Lesestücken, Schlüssel und einer Anleitung zur Steigerung der stenographischen Fertigkeit von Heinrich Dröse, amtl. bad. Landtagsstenograph in Karlsruhe (B.). Nr. 494.

Stereochemie von Dr. E. Wedekind. Prof. an der Universität Tübingen. Mit 34 Abbildungen. Nr. 201.

Stereometrie **von Dr. R. Glaser in Stuttgart. Mit 66 Figuren. Nr. 97**

Sternsystem. Astronomie. Größe, Bewegung u. Entfernung d. Himmelskörper v. A. F. Möbius, neu bearb. v. Dr. Herm. Kobold, Prof. a. d. Univers. Kiel. II: Kometen, Meteore u. das Sternsystem. Mit 15 Fig. u. 2 Sternkarten. Nr. 529.

Steuersysteme des Auslandes, Die, v. Geh. Oberfinanzrat O. Schwarz in Berlin. Nr. 426.

Stilkunde v. Prof. Karl Otto Hartmann in Stuttgart. Mit 7 Vollbild. u. 195 Textillustrationen. Nr. 80.

Stöchiometrische Aufgabensammlung von Dr. Wilh. Bahrdt, Oberl. an d. Oberrealschule in Groß-Lichterfelde. Mit den Resultaten. Nr. 452.

Straßenbahnen von Dipl.-Ing. Aug. Boshart in Nürnberg. Mit 72 Abbildungen. Nr. 559.

Strategie von Löffler, Major im Kgl. Sächs. Kriegsmin. i. Dresd. Nr. 505.

Ströme und Spannungen in Starkstromnetzen v. Jos. Herzog, Dipl.-Elektroing. in Budapest u. Clarence Feldmann, Prof. d. Elektotechnik in Delft. Mit 68 Abb. Nr. 456.

Südamerika. Geschichte Südamerikas von Dr. Hermann Lufft. **I:** Das spanische Südamerika (Chile, Argentinien und die kleineren Staaten). Nr. 632.

— — **II:** Das portugiesische Südamerika (Brasilien). Nr. 672.

Südseegebiet. Die deutschen Kolonien II: Das Südseegebiet und Kiautschou v. Prof. Dr. K. Dove. M. 16 Taf. u. 1 lith. Karte. Nr. 520.

Talmud. Die Entstehung des Talmuds von Dr. S. Funk in Boskowitz. Nr. 479.

Talmudproben von Dr. S. Funk in Boskowitz. Nr. 583.

Technisch-Chemische Analyse von Dr. G. Lunge, Prof. a. d. Eidgenöss. Polytechn. Schule in Zürich. Mit 16 Abbildungen. Nr. 195.

Technische Tabellen und Formeln von Dr.-Ing. W. Müller, Dipl.-Ing. am Kgl. Materialprüfungsamt zu Groß-Lichterfelde. Mit 106 Figuren. Nr. 579.

Technisches Wörterbuch, enthaltend die wichtigsten Ausdrücke d. Maschinenbaues, Schiffbaues u. d. Elektrotechnik von Erich Krebs in Berlin. I. Teil: Dtsch.-Engl. Nr. 395.

Technisches Wörterbuch, enthaltend die wichtigsten Ausdrücke des Maschinenbaues, Schiffbaues und der Elektrotechnik von Erich Krebs in Berlin. II. Teil: Engl.-Dtsch. Nr. 396.

— — III. Teil: Dtsch.-Franz. Nr. 453.

— — IV. Teil: Franz.-Dtsch. Nr. 454.

Technologie, Allgemeine chemische, v. Dr. Gust. Rauter in Charlottenburg. Nr. 113.

— **Mechanische,** v. Geh. Hofrat Prof. A. Lüdicke in Braunschweig. Nr. 340, 341.

Teerfarbstoffe, Die, mit bes. Berücksichtig. der synthetisch. Methoden v. Dr. Hans Bucherer, Prof. a. d. Kgl. Techn. Hochschule, Dresd. Nr. 214.

Telegraphenrecht v. Postinspektor Dr. jur. Alfred Wolcke in Bonn. **I:** Einleitung. Geschichtliche Entwicklung. Die Stellung d. deutsch. Telegraphenwesens im öffentl. Rechte, allgemeiner Teil. Nr. 509.

— — **II:** Die Stellung d. deutsch. Telegraphenwesens im öffentl. Rechte, besonderer Teil. Das Telegraphen-Strafrecht. Rechtsverhältnis d. Telegraphie z. Publikum. Nr. 510.

Telegraphie, Die elektrische, v. Dr. Lud. Rellstab. Mit 19 Fig. Nr. 172.

Testament. Die Entstehung des Alten Testaments v. Lic. Dr. W. Staerk, Prof. a. d. Univ. Jena. Nr. 272.

— **Die Entstehung des Neuen Testaments** v. Prof. Lic. Dr. Carl Clemen in Bonn. Nr. 285.

Textilindustrie. I: Spinnerei und Zwirnerei v. Prof. Max Gürtler, Geh. Reg.-Rat im Kgl. Landesgewerbeamt, Berlin. M. 9 Fig. Nr. 184.

— **II: Weberei, Wirkerei, Posamentiererei, Spitzen- und Gardinenfabrikation und Filzfabrikation** v. Prof. M. Gürtler, Geh. Regierungsrat i. Kgl. Landesgewerbeamt zu Berlin. M. 29 Fig. Nr. 185.

— **III: Wäscherei, Bleicherei, Färberei und ihre Hilfsstoffe** von Dr. Wilh. Massot, Prof. a. d. Preuß. höheren Fachschule f. Textilindustr. in Krefeld. Mit 28 Fig. Nr. 186.

Textiltechnische Untersuchungsmethoden von Dr. Wilhelm Massot, Professor an der Färberei- u. Appreturschule Krefeld. **I:** Die Mikroskopie der Textilmaterialien. Mit 92 Figuren. Nr. 673.

Untersuchungsmethoden, Agrikulturchemische, von Professor Dr. Emil Haselhoff, Vorsteher der landwirtschaftlichen Versuchsstation in Marburg in Hessen. Nr. 470.

Urgeschichte der Menschheit von Dr. Moritz Hoernes, Professor an der Univ. Wien. Mit 85 Abb. Nr. 42.

Urheberrecht, Das, an Werken der Literatur und der Tonkunst, das Verlagsrecht und das Urheberrecht an Werken d. bildenden Künste u. Photographie v. Staatsanw. Dr. J. Schlittgen in Chemnitz. Nr. 361.

Urheberrecht, Das deutsche, an literarischen, künstlerischen u. gewerbl. Schöpfungen, mit besonderer Berücksichtigung der internationalen Verträge von Dr. Gustav Rauter, Patentanwalt in Charlottenburg. Nr. 263.

Urzeit. Kultur der Urzeit von Dr. Moritz Hoernes, o. ö. Prof. an der Univ. Wien. 3 Bändch. **I:** Steinzeit. Mit 40 Bildergrupp. Nr. 564.

— — **II:** Bronzezeit. Mit 36 Bildergruppen. Nr. 565.

— — **III:** Eisenzeit. Mit 35 Bildergruppen. Nr. 566.

Vektoranalysis von Dr. Siegfr. Valentiner, Prof. an der Bergakademie in Clausthal. Mit 16 Fig. Nr. 354.

Venezuela. Die Cordillerenstaaten von Dr. Wilhelm Sievers, Prof. an der Universität Gießen **II:** Ecuador, Colombia u. Venezuela. Mit 16 Taf. u. 1 lithogr. Karte. Nr. 653.

Veranschlagen, Das, im Hochbau. Kurzgefaßtes Handbuch üb. d. Wesen d. Kostenanschlags v. Architekt Emil Beutinger, Assistent an der Technischen Hochschule in Darmstadt. Mit vielen Fig. Nr. 385.

Vereinigte Staaten. Landeskunde der Vereinigten Staaten von Nordamerika von Professor Heinrich Fischer, Oberlehrer am Luisenstädt. Realgymnasium in Berlin. I. Teil: Mit 22 Karten und Figuren im Text und 14 Tafeln. Nr. 381.

— — II. Teil: Mit 3 Karten im Text, 17 Tafeln u. 1 lith. Karte. Nr. 382.

Vergil. Die Gedichte des P. Vergilius Maro. In Auswahl mit einer Einleitung u. Anmerkungen herausgeg. von Dr. Julius Ziehen. I: Einleitung und Aeneis. Nr. 497.

Vermessungskunde von Dipl.-Ing. P. Werkmeister, Oberlehrer an der Kais. Techn. Schule in Straßburg i. E. **I:** Feldmessen und Nivellieren. Mit 146 Abb. Nr. 468.

— — **II:** Der Theodolit. Trigonometrische u. barometr. Höhenmessung. Tachymetrie. Mit 109 Abbildungen. Nr. 469.

Versicherungsmathematik von Dr. Alfred Loewy, Professor an der Universität Freiburg i. B. Nr. 180.

Versicherungswesen, Das, von Dr. iur. Paul Moldenhauer, Professor der Versicherungswissenschaft an der Handelshochschule Köln. **I:** Allgemeine Versicherungslehre. Nr. 262.

— — **II:** Die einzelnen Versicherungszweige. Nr. 636.

Völkerkunde v. Dr. Michael Haberlandt, k. u. k. Kustos d. ethnogr. Sammlung d. naturhist. Hofmuseums u. Privatdozent a. d. Univ. Wien. Mit 56 Abbild. Nr. 73.

Völkernamen. Länder- u. Völkernamen von Dr. Rudolf Kleinpaul in Leipzig. Nr. 478.

Volksbibliotheken (Bücher- u. Lesehallen), ihre Einrichtung u. Verwaltung v. Emil Jaeschke, Stadtbibliothekar in Elberfeld. Nr. 332.

Volkslied, Das deutsche, ausgewählt und erläutert von Prof. Dr. Jul. Sahr. 2 Bändchen. Nr. 25, 132.

Volkswirtschaftslehre von Dr. Carl Johs. Fuchs, Professor an der Universität Tübingen. Nr. 133.

Volkswirtschaftspolitik v. Präsident Dr. R. van der Borght, Berlin. Nr. 177.

Waffen, Die blanken, und die Schutzwaffen, ihre Entwicklung von der Zeit der Landsknechte bis zur Gegenwart m. besonderer Berücksichtigung der Waffen in Deutschland, Österreich-Ungarn und Frankreich von W. Gohlke, Feuerwerks-Major a. D. in Berlin-Steglitz. Mit 115 Abbildungen. Nr. 631.

Wahrscheinlichkeitsrechnung von Dr. Franz Hack, Professor am Eberhard-Ludwigs-Gymnasium in Stuttgart. Mit 15 Fig. im Text. Nr. 508.

Werkzeugmaschinen für Holzbearbeitung, Die, von Ing. Professor Hermann Wilda in Bremen. Mit 125 Abbildungen. Nr. 582.

Werkzeugmaschinen für Metallbearbeitung, Die, von Ing. Prof. Hermann Wilda in Bremen. **I:** Die Mechanismen der Werkzeugmaschinen. Die Drehbänke. Die Fräsmaschinen. Mit 319 Abb. Nr. 561.

— — **II:** Die Bohr- und Schleifmaschinen. Die Hobel-, Shaping- u. Stoßmaschinen. Die Sägen u. Scheren. Antrieb u. Kraftbedarf. Mit 206 Abbild. Nr. 562.

Westpreußen. Landeskunde der Provinz Westpreußen von Fritz Braun, Oberlehrer am Kgl. Gymnasium in Graudenz. Mit 16 Tafeln, 7 Textkarten u. 1 lith. Karte. Nr. 570.

Wettbewerb, Der unlautere, von Rechtsanwalt Dr. Martin Wassermann in Hamburg. **I:** Generalklausel, Reklameauswüchse, Ausverkaufswesen, Angestelltenbestechung. Nr. 339.

— — **II:** Kreditschädigung, Firmen- und Namenmißbrauch, Verrat von Geheimnissen, Ausländerschutz. Nr. 535.

Wirbellose Tiere. Das Tierreich VI: Die wirbellosen Tiere von Dr. Ludwig Böhmig, Prof. d. Zoologie an der Univ. Graz. **I:** Urtiere, Schwämme, Nesseltiere, Rippenquallen u. Würmer. Mit 74 Fig. Nr. 439.

— — **II:** Krebse, Spinnentiere, Tausendfüßer, Weichtiere, Moostierchen, Armfüßer, Stachelhäuter u. Manteltiere. Mit 97 Fig. Nr. 440.

Wirkerei. Textilindustrie II: Weberei, Wirkerei, Posamentiererei, Spitzen- u. Gardinenfabrikation und Filzfabrikation von Prof. Max Gürtler, Geh. Regierungsrat im Königl. Landesgewerbeamt zu Berlin. Mit 29 Figuren. Nr. 185.

Wirtschaftlichen Verbände, Die, v. Dr. Leo Müffelmann in Rostock. Nr. 586.

Wirtschaftspflege. Kommunale Wirtschaftspflege von Dr. Alfons Rieß, Magistratsass. in Berlin. Nr. 534.

Wohnungsfrage, Die, v. Dr. L. Pohle, Prof. der Staatswissenschaften zu Frankfurt a. M. I: Das Wohnungswesen i. d. modern. Stadt. Nr. 495.

Wohnungsfrage, Die, v. Dr. L. Pohle, Professor der Staatswissenschaften zu Frankfurt a. M. **II:** Die städtische Wohnungs- und Bodenpolitik. Nr. 496.

Wolfram von Eschenbach. Hartmann v. Aue, Wolfram v. Eschenbach und Gottfried von Straßburg. Auswahl aus dem höf. Epos mit Anmerkungen und Wörterbuch von Dr. K. Marold, Prof. am Königl. Friedrichskollegium zu Königsberg i. Pr. Nr. 22.

Wörterbuch nach der neuen deutschen Rechtschreibung von Dr. Heinrich Klenz. Nr. 200.

— **Deutsches,** von Dr. Richard Loewe in Berlin. Nr. 64.

— **Technisches,** enthaltend die wichtigsten Ausdrücke des Maschinenbaues, Schiffbaues und der Elektrotechnik von Erich Krebs in Berlin. I. Teil: Deutsch-Englisch. Nr. 395.

— — II. Teil: Engl.-Dtsch. Nr. 396.

— — III. Teil: Dtsch.-Franz. Nr. 453.

— — IV. Teil: Franz.-Dtsch. Nr. 454.

Württemberg. Württembergische Geschichte v. Dr. Karl Weller, Prof. am Karlsgymnasium in Stuttgart. Nr. 462.

Württemberg. Landeskunde des Königreichs Württemberg von Dr. K. Hassert, Professor der Geographie an der Handelshochschule in Köln. Mit 16 Vollbildern u. 1 Karte. Nr. 157.

Zeichenschule von Prof. **K. Kimmich** in Ulm. Mit 18 Tafeln in Ton-, Farben- und Golddruck und 200 Voll- und Textbildern. Nr. 39.

Zeichnen, Geometrisches, von H. Becker, Architekt und Lehrer an der Baugewerkschule in Magdeburg, neu bearbeitet von Prof. J. Vonderlinn, Direktor der königl. Baugewerkschule zu Münster. Mit 290 Fig. u. 23 Taf. im Text. Nr. 58.

Zeitungswesen, Das deutsche, von Dr. R. Brunhuber, Köln a. Rh. Nr. 400.

Zeitungswesen, Das moderne, (Syst. d. Zeitungslehre) von Dr. Robert Brunhuber in Köln a. Rh. Nr. 320.

Zeitungswesen, Allgemeine Geschichte des, von Dr. Ludwig Salomon in Jena. Nr. 351.

Zellenlehre und Anatomie der Pflanzen von Prof. Dr. H. Miehe in Leipzig. Mit 79 Abbild. Nr. 556.

Zentral-Perspektive von Architekt Hans Freyberger, neu bearbeitet von Professor J. Vonderlinn, Direktor der Königl. Baugewerkschule in Münster i. Westf. Mit 132 Fig. Nr. 57.

Zimmerarbeiten von Carl Opitz, Oberlehrer an der Kais. Techn. Schule in Straßburg i. E. **I:** Allgemeines, Balkenlagen, Zwischendecken und Deckenbildungen, hölz. Fußböden, Fachwerkswände, Hänge- und Sprengwerke. Mit 169 Abbildungen. Nr. 489.

— — **II:** Dächer, Wandbekleidungen, Simsschalungen, Block-, Bohlen- und Bretterwände, Zäune, Türen, Tore, Tribünen und Baugerüste. Mit 167 Abbildungen. Nr. 490.

Zivilprozeßrecht, Deutsches, von Prof. Dr. Wilhelm Kisch in Straßburg i. E. 3 Bände. Nr. 428—430.

Zoologie, Geschichte der, von Prof. Dr. Rud. Burckhardt. Nr. 357.

Zündwaren von Direktor Dr. Alfons Bujard, Vorst. des Städt. Chem. Laboratoriums Stuttgart. Nr. 109.

Zwangsversteigerung, Die, und die Zwangsverwaltung von Dr. F. Kretzschmar, Oberlandesgerichtsrat in Dresden. Nr. 523.

Zwirnerei. Textilindustrie I: Spinnerei und Zwirnerei von Prof. Max Gürtler, Geh. Regierungsrat im Königlichen Landesgewerbeamt zu Berlin. Mit 39 Fig. Nr. 184.

═ Weitere Bände sind in Vorbereitung. ═

Jn unserm Verlag erschien soeben:

Goethes Wilhelm Meister und die Entwicklung des modernen Lebensideals

Von **Max Wundt**

Professor an der Universität Straßburg

Preis M. 8.—, in Leinwand gebunden M. 8.80

Aus der Einleitung:

Als Goethe am Ausgang seines Lebens bemüht war, den Ertrag seines gesamten Daseins in die Scheuern zu sammeln, wohl sich bewußt, daß der Wert seiner Lebensarbeit nicht in dem oder jenem Werke, sondern in dem Bilde, das sie von der Summe seiner Existenz biete, beschlossen liege, da sind es drei Werke, die ihn nach dem Zeugnis seiner Briefe und Tagebücher vor allem beschäftigen und die er vor andern zum Abschluß zu bringen wünscht, seine biographischen Aufzeichnungen, Faust und Wilhelm Meister. Sollten jene den äußeren Rahmen seines Lebens umschreiben, so meinte er in diesen dessen inneren Gehalt am vollständigsten niedergelegt zu haben.

Diese Stellung des Faust zu Goethes Leben ist seit langem anerkannt. Dem Schwesterwerke aber widerfuhr keine gleiche Gunst. Ein ästhetisches, an einseitigen Voraussetzungen orientiertes Urteil ließ die späteren Partien in einem ungünstigen Lichte erscheinen. Dazu kam, daß die älteste Gestalt des Romans bis vor kurzem so gut wie unbekannt war, da nur wenige, nicht immer deutliche Nachrichten über die neunziger Jahre zurückreichten, die wohl luftigen Konstruktionen, aber keinem festen Bau einen Grund boten. Erst seit diese frühste Fassung, wie sie Goethe vor der italienischen Reise niedergeschrieben hatte, Wilhelm Meisters theatralische Sendung, im Jahre 1910 zum größten Teil wiedergefunden und 1911 veröffentlicht ist, läßt sich die Arbeit am Wilhelm Meister bis mindestens in die ersten Weimarer Jahre zurückverfolgen, und da sie wenige Jahre vor Goethes Tode beendet wurde, so umspannt auch sie alle wesentlichen Epochen seines Lebens.

Jn Goethes Werk erwacht der moderne Geist wahrhaft zur Besinnung über sein eigenes Wesen; und sein Bild ist umso treuer, je reiner und umfassender die Dichtung den Geist ihres Schöpfers ausspricht. Als Spiegel seiner Zeit und ihres Wandels steht daher Wilhelm Meister allen anderen Werken Goethes weit voran, besitzt doch das Epos seinem Wesen nach die stärkste Tendenz auf die Fülle des realen Lebens. So bestimmt sich die geschichtliche Bedeutung dieses Romans. Er allein läßt die Entstehung des modernen Lebensideals wahrhaft erkennen, beider Entwicklung ist aufs engste ineinander geschlungen.

In unserm Verlag erschien soeben:

Allgemeine Verkehrsgeographie

Von Dr. **Kurt Hassert**

Professor der Geographie an der Handels-Hochschule Köln

Mit 12 Karten und graphischen Darstellungen

Preis M. 10.—, gebunden M. 12.—

Das Buch beabsichtigt, in großen Zügen einen zusammenfassenden Überblick über das Gesamtgebiet der allgemeinen Verkehrsgeographie zu geben. Der Verfasser war bemüht, den weitschichtigen Stoff trotz der unvermeidbaren Namen- und Zahlenfülle der wirtschaftsgeographischen Disziplinen als akademische Lehrfächer auch den Studierenden eine anregende und leicht verständliche Darstellung zu bieten. Obwohl die Verkehrsgeographie, wie die Wirtschaftsgeographie überhaupt, sich in vielfachen Beziehungen eng mit der Volkswirtschaft berührt, ist doch stets der geographische Gesichtspunkt in den Vordergrund gestellt und die Verkehrsgeographie in ihrer Abhängigkeit von Natur und Mensch gewürdigt worden.

Der erste Hauptteil des Buches untersucht den Verkehr als geographische Erscheinung der Erdoberfläche und als Bewegungserscheinung und betrachtet in vier Kapiteln das Wesen des Verkehrs, den Verkehr und die Entfernungen, die Arten und Hilfsmittel des Verkehrs und die Bahnen des Weltverkehrs. Die folgenden drei Hauptteile behandeln die wichtigsten Verkehrsgattungen nach ihren Ursachen und ihrer Entwicklung, ihren Schauplätzen und ihrer geographischen Eigenart. Im Abschnitt „Landverkehr" werden die Landwege und Karawanenstraßen, die Entwicklung, Wirtschaftsgeographie und geographische Verbreitung der Eisenbahnen erörtert. Die Binnenschiffahrt bildet den Übergang zum „Seeverkehr", bei dem vor allem die Entwicklung der Seeschiffahrt, die verkehrsgeographische Stellung der Meere, die Dampfer- und Segelschiffahrt, der Seeraub, die Küsten, Häfen, Land- und Meerengen und die wichtigsten Seekanäle geschildert werden. Die hervorragendsten Äußerungen des der geographischen Behandlung schwieriger zugänglichen Nachrichtenverkehrs endlich sind die Verkehrssprachen, Post, Telegraph, Telephon und Unterseekabel.

FSC
www.fsc.org
MIX
Papier | Fördert gute Waldnutzung
FSC® C083411

Kolibri 360 GmbH
Ferdinand-Jühlke-Straße 7
99095 Erfurt, Deutschland
produktsicherheit@kolibri360.de